北京林业大学学术专著出版资助计划

北京地区典型边坡生态防护效果与植物选配

张 艳 赵廷宁 著

科 学 出 版 社
北 京

内 容 简 介

本书以生产建设项目裸露边坡的生态恢复为目标，对北京地区典型边坡生态防护效果与植物选配进行了研究，为北京地区典型边坡推荐了适宜的生态防护措施，筛选了适用于该典型边坡的植物物种，构建了植物-土壤系统耦合度模型，综合评价了不同生态防护措施的水土流失防治效益。

本书既可供矿山生态环境综合整治、公路边坡植被恢复及开发建设项目水土保持领域的科研、生产、教学人员参考，也可作为水土保持学、林学相关专业的在校本科生、研究生学习和参考用书。

图书在版编目（CIP）数据

北京地区典型边坡生态防护效果与植物选配/张艳，赵廷宁著. —北京：科学出版社，2022.3

ISBN 978-7-03-071169-4

Ⅰ. ①北… Ⅱ. ①张… ②赵… Ⅲ. ①公路路基–边坡–生态恢复–研究–北京 ②公路路基–边坡–植被–生态恢复–研究–北京 Ⅳ. ①U418.4

中国版本图书馆 CIP 数据核字（2021）第 271971 号

责任编辑：马 俊 付 聪 / 责任校对：郭瑞芝

责任印制：苏铁锁 / 封面设计：无极书装

科学出版社 出版

北京东黄城根北街 16 号

邮政编码：100717

http://www.sciencep.com

北京凌奇印刷有限责任公司 印刷

科学出版社发行 各地新华书店经销

*

2022 年 3 月第 一 版 开本：720×1000 1/16

2022 年 3 月第一次印刷 印张：8 1/4

字数：164 000

POD定价： 149.00元

（如有印装质量问题，我社负责调换）

前　言

自20世纪80年代以来，全国各地已建和在建的基础设施建设工程（公路、铁路、矿山、水利等）数量剧增。据初步估算，全国生产建设项目破坏土地面积200多万公顷，而且正以每年3.3万～4.7万 hm^2 的速度递增，每年至少有300亿～500亿元的资金用于各类工程破坏坡面的生态恢复，而且工程数量、资金规模还在不断增加。不合理的生产建设活动使原本稳定、健康的生态系统遭受严重破坏，形成大量的裸露边坡。公路边坡和废弃矿山边坡是北京地区规模较大、最为常见的两种边坡类型，此类边坡土壤营养条件差且植被恢复困难，具有一定的特殊性。因此，开展北京地区典型边坡生态防护效果与植物选配研究，对于边坡治理的标准化，乃至裸露边坡的植被恢复与重建具有重要的理论与实践指导意义。

本书以林业公益性行业科研专项“建设工程损毁林地植被修复关键技术研究与示范”（200904030）北京试区、北京市规划和自然资源委员会委托项目“北京市废弃矿区绿化调查与综合评估项目”（2018HXFWSBXY017）的部分成果为依托，详细阐述了公路边坡生态防护群落结构及其种间关联分析、废弃矿山边坡生态防护群落结构及其种间关联分析、典型边坡生态防护措施水土保持效益研究、典型边坡生态防护效果综合评价与植物选配等主要内容。希望本书能够解答生态环境建设相关工作者的疑惑，实现石山变青山，助力我国生态环境建设。

本书的撰写融入了很多人的心血，在此谨向协助完成大量研究工作的吴海龙、冯晶晶、李丹雄、金一鸣、孙永康等研究生表示感谢。感谢史常青副教授、杨建英教授为本书提出的合理性建议及给予的支持。本书在编写过程中参考了许多相关文献和资料，在此向有关专家和学者表示衷心感谢！

鉴于作者知识水平有限，许多技术问题还有待进一步研究，书中难免有疏漏或不妥之处，敬请读者批评指正，以帮助本书不断完善、提高。

著　者

2021年9月

目　录

1 绪 论

近年来，我国大力推行全国范围内的基础设施建设，大量的生产建设项目在很大程度上提高了人民生活水平，但也产生了一系列的生态环境问题。公路建设和矿山开采形成的损毁边坡占地面积广、危害程度大，采用常规的绿化手段已不能达到短时期植被恢复的目标，需采取边坡生态防护的方法（工程措施与植物措施相结合）实现边坡植被恢复，既能有效保证边坡稳定性，又能修复已丧失的生态功能，改善边坡景观效果。

现阶段生态防护边坡的植被恢复研究才刚刚起步，许多学者（屠剑斌，2009；邓辅唐等，2007；李生宇和雷加强，2002）主要聚焦于生态防护措施的相关研究，但多针对研究区域内单一措施或 2～3 种措施，研究方向禁锢在植被或土壤方面，鲜少有论文涉及数十种边坡生态防护措施，且从植被、土壤、水土保持功能的角度开展综合评价研究，研究结果缺乏系统性。准确合理评价受损边坡生态防护效果的前提是根据边坡类型合理划分立地类型，并构建与之相适宜的评价模型。深入探究工程措施与植物措施相结合的生态防护手段对丧失生态功能边坡的恢复效果是本研究所要解决的核心问题。综上所述，针对我国经济快速发展的现状，大规模的生产建设项目难以避免，如何缓解其衍生的水土流失问题，加快公路、废弃矿山的生态环境治理，建立系统的、科学的边坡生态防护评价方法，并开展大规模的边坡生态防护效果评价已成为北京地区生态环境建设的迫切任务。

1.1 研究背景

1.1.1 公路建设

随着中国经济的不断发展，公路建设项目不断增加，建设规模也不断扩大，据统计，截至 2013 年底，全国公路总里程达到 470 万 km。2000 年至今，北京先后建成五环路、京津高速公路、六环路、京承高速北京段三期、京开高速公路（辛立村收费站至市界段）、机场南线、京昆高速北京段、京新高速公路以及冬奥会重大交通保障重点项目京礼高速公路北京段等连接天津、河北的重要交通枢纽。公路交通的快速发展，有效缓解了交通运输紧张的状况，但在其建设过程中工程开挖产生大量废弃土石方，占用周边荒地、林地甚至农田等，易淤积河道、田间沟渠，若不加以合理利用，不仅会增加工程弃渣量，还会导致土地资源的浪费，造成许多新增水土流失，使环境破坏问题日益突出（沥青情报站，2013；牛兰兰等，2007）。公路建设过程中，尤其是北京“7·21”特大暴雨、2020 年 8 月 12 日北京暴雨等自然灾害事件造成公路边坡损毁严重，形成严重的水土流失，引起了水利部相关单位的高度重视（Jiang et al.，2014；Wang et al.，2013；Zhang et al.，2013a）。

1.1.2 矿山开采

自 20 世纪 80 年代以来，随着国家对矿产资源需求的迅速增加及矿冶经济的迅猛发展，因矿山开采造成的生态破坏问题也日趋严重，露天开采造成了大规模的土地破坏，植被盖度的急剧下降，原本稳定健康的生态系统遭受严重破坏，引起了政府部门对矿区生态恢复的高度重视（Yang et al.，2014；Zhang et al.，2013b）。据北京市规划和自然资源委员会对矿山数量的统计结果，2000 年北京市现存各类矿山数量为 1749 个，大规模矿山仅占到总数的 0.80%，多数为小规模矿山，在北京市政府的相关政策引导下，2000～2004 年全市共关闭矿山 1353 座，数量约减少了 77.36%（李金海和张国祯，2009）。限制采石场开采或者划定规定区域开采可在一定程度上保证采石场的安全性及开采合理性。但由于矿产资源的不合理开发，加上管理粗放、缺乏规划，不仅造成了资源的巨大浪费，而且严重破坏了当地的生态环境（Ştefănescu et al.，2013）。边坡植被裸露、土壤结构破坏造成水土流失加剧，并较易引发滑坡、塌方等自然地质灾害，严重威胁人类的生存与发展，影响城市景观资源的健康发展（Bhebhe et al.，2013；da Silva et al.，2013）。我国是一个人多地少的国家，过度开垦、砍伐等人类活动对环境干扰巨大（Burke，2001；Miao and Marrs，2000），影响人类的生存环境与生存质量，亟待建立并完善矿山修复的法律体系，建立完善的土壤保护和生态修复技术标准，从而有效防治矿山开采的发生与面积的扩大。

1.2 研究目的与意义

党的十八大报告提出，推进绿色发展、循环发展、低碳发展，把生态文明建设放在突出地位，推动形成人与自然和谐发展现代化建设新格局。在资源供应与需求矛盾突出、环境污染日益严峻的形势下，我国将如何解决或缓解现有的生态环境问题、寻求快速有效的环境治理方案、实现环境资源的可持续发展放在首要位置。公路建设、矿山开采对我国国民经济的持续、快速发展起着极其重要的作用，然而长期缺乏对边坡生态恢复的正确认识，引发了诸如水土流失、山体滑坡、土地沙化等一系列严峻的环境和社会问题，对社会经济的可持续发展造成严重威胁特别是北京“7·21”特大暴雨发生后，国家加大力度支持生态恢复领域的重大科研项目，重点鼓励发展公路、废弃矿山等困难立地的植被恢复工作，期望形成集工程措施对位选择、植物选择与配置、生态防护效果综合评价为一体的边坡生态恢复技术体系，推动生态文明与社会经济的可持续发展。

1.3 创 新 点

本研究的创新点是在对北京地区生产建设项目损毁边坡植被、土壤与环境因子进行全面系统调查的基础上，探索不同生态防护措施的植物选择与配置、水土保持效益。构建植被-土壤系统耦合协调综合评价模型，评价各类生态防护措施的综合防护效果。根据本研究得出的北京地区典型边坡生态防护效果与植物选配结果，可为北京地区典型边坡探索最佳的生态防护措施与植被恢复途径，最终实现以边坡稳定为前提的生态修复的绿化目标，形成与周边环境相协调的植物群落，达到防治水土流失的目的，也为北京地区受损边坡植被恢复工作提供理论依据。

1.4 研 究 概 述

本研究是在“建设工程损毁林地植被修复关键技术研究与示范”和“北京市废弃矿区绿化调查与综合评估项目”课题部分科研成果的基础上，以北京地区高速公路生态防护边坡、房山区周口店镇废弃矿山边坡、轻工业环境保护研究所生态修复科研基地边坡和上辛庄水土保持科技示范园区边坡为研究对象，进行北京地区典型边坡生态防护效果与植物选配研究，以期解决公路、矿山开采后遗留裸露边坡的生态修复问题。一方面是为北京地区典型边坡探索最佳的植被恢复途径，实现加快受损边坡生态系统重建的目的；另一方面是确立生态防护措施及与之相适应的植物群落配置，为北京地区生态环境恢复与植被重建提供理论依据，也为同类地区生产建设项目裸露边坡的植被恢复提供科学参考。

1.4.1 生产建设项目水土流失危害

1.4.1.1 生产建设项目类型

我国的生产建设项目是以人为活动为主要外营力，造成大面积的原始地貌、植被破坏，导致土地生产力大幅下降，加速土壤侵蚀速度，极易形成严重的水流流失（张乐涛和高照良，2014；王治国等，1998）。根据平面布设方式和产生水土流失过程的差异，对生产建设项目分别进行类型划分（姜德文等，2010；赵永军，2007）。线性项目和点式项目具有不同的平面布设方式，其中公路、铁路、管线、输变电等属于线性项目；露采矿工程、火（风、核）电工程、农林开发工程等属于点式项目；建设类项目和建设生产类项目具有不同的水土流失过程，其中公路、城镇建设等施工项目的水土流失仅发生在项目建设过程中，属于建设类项目，而井采矿、露采矿等施工项目的水土流失不仅发生在项目建设过程中，在生产运营过程中仍较为严重，属于建设生产类项目。

综上，公路项目属于线性工程，水土流失主要发生在项目建设过程中；而废弃矿山属于点式项目，水土流失在项目建设和运营生产过程中均有发生。北京地区存在大量损毁裸露边坡，以公路边坡、矿山边坡最具代表性，而且土壤环境和植被恢复效果较差，是目前存在的最需要解决的突出问题，因此本研究主要围绕公路边坡和废弃矿山边坡的生态恢复问题开展相关试验研究。

1.4.1.2　水土流失的成因

公路建设、矿山开采等生产建设项目在人类活动过程中形成大量裸露边坡，具有占地面积大、坡度陡、坡长差异大、边坡稳定性差、蓄水保水困难、土壤营养条件差等特点（Dong et al.，2012；Moreno-de Las Heras et al.，2008），对土地和植被的扰动剧烈，使土壤-植被生态系统遭受严重破坏，并引发严重的新生水土流失问题（图 1-1）。

图 1-1　生产建设项目造成的土壤-植被生态系统破坏（彩图请扫封底二维码）

现如今水土流失已成为世界上最严重的生态环境问题之一。水土流失原因的研究早在 19 世纪晚期就已经开始，但当时的研究较为浅显，局限在常规的表象观测（刘艳，2010），100 多年来，国内外学者围绕水土流失的发生规律开展了深入研究（郑粉莉和高学田，2003；Yang et al.，2003；章文波等，2002；邵颂东和王礼先，2000；Lowery et al.，1995；Poesen et al.，1994；Nearing et al.，1989；黄秉维，1983），并取得了许多新进展（Hoomehr et al.，2016；Faller and Wang，2015；Núñez et al.，2013；Mukundan et al.，2013；Dotterweich，2013；王海斌，2012；綦俊谕等，2010；徐宪立等，2006b；Davies et al.，2006），发现引发水土流失的因素可分为自然因素和人为因素两大类。

强降雨、地形地貌、土壤和植被等自然因素是导致水土流失发生的重要原因（Zhao et al.，2013；Fernández et al.，2012；Fattet et al.，2011）。我国北方年际降雨分布不均，但降雨量相对集中，其中 70%左右集中在每年的 7～9 月，降雨历时短、强度大、地表径流冲刷力强的特大暴雨对土壤侵蚀的影响剧烈，降雨引起的水土流失灾害在很大程度上受径流量大小、搬运和分离能力的影响（刘斌涛等，2013；Ziadat and Taimeh，2013；Ran et al.，2012；王占礼和常庆瑞，1998），强降雨的发生，使坡面土体内部水分迅速达到饱和状态，在径流冲刷作用下失稳形成滑坡。地形特征作为生境条件的一种综合指示，决定光、热、水、土壤等要素的空间分布（陈瑶等，2006；孔宁宁等，2002），不同要素对水土流失程度的影响不同，其中海拔对水土流失的影响并不显著，水土流失发生、发展的前提是所在区域具备相对高差（起伏高度），即在一定程度上坡度和坡长直接影响水土流失强度（Liu et al.，2000；Meyer and Harmon，1989；Evett and Dutt，1985），研究还发现水土流失发生的可能性与坡度和坡长呈正相关（Xu et al.，2009）。植被破坏严重、植物配置不合理等导致坡面覆盖度低、植物根系未能与边坡良好结合等都是诱发水土流失灾害的成因。

生产建设项目是人为影响水土流失、崩塌、滑坡等自然灾害发生的主要表现之一。生产建设项目在建设和生产过程中易形成大量的土石方开挖和堆砌，造成的扰动面积巨大，破坏了原生地表抗蚀能力与外营力之间的相对平衡，与原地貌相比，土壤结构松散，抵抗侵蚀的能力明显降低，对项目区及周边区域的生态环境造成直接危害。无边坡生态防护措施或生态防护措施失当、长期人工维护不当导致的边坡水处理问题，如排水沟堵塞、坡顶及坡面截排水不畅、坡脚低洼积水等，都会降低边坡稳定性并诱发水土流失（崔云等，2011；王小彪，2010；管新建，2009；Corominas and Moya，1999），今后在边坡防护、绿化设计中应加强地形和截排水工程设计。

根据公路建设、矿山开采等生产建设项目发生水土流失危害的主要成因，以保护水土资源、改善和维护良好的生态环境为目标，开展水土流失治理工作势在必行。

1.4.1.3 植被恢复对水土流失的影响

随着经济的快速发展，建设工程损毁迹地（如废弃矿山、公路填/挖边坡等）植物恢复受到社会的广泛关注（王倩等，2010；Gray and Sotir，1992）。植被恢复的主要手段是通过护坡工程和建植技术，以恢复和重建的方式形成一个健康的、可持续发展的、具有自我恢复能力的生态系统，从而实现对边坡水土流失的控制（刘春霞和韩烈保，2007）。

通过植被恢复来降低坡面水土流失，主要体现在3个方面：生长在坡面上的植物体是雨滴落地前接触的第一道障碍，雨滴击打在植物体表面，雨滴动能急剧降低（丛月等，2013；徐宪立等，2006a），使得雨滴落到地面时动能变小，从而减弱降雨时雨滴对地表土壤的直接溅蚀；植物活体及枯枝落叶覆盖地表，在吸收一定数量地表径流的同时，可有效阻止径流对地表土壤的冲刷（焦菊英和李靖，2000）；土壤中植物庞大的根系系统能固定土壤，在一定范围内有效减弱径流地表冲刷力。此外，枯枝落叶及根系是土壤有机质的主要来源，能有效改善土壤理化性质，增加土壤的持水能力（王青杵等，2012）。

不同类型植被生长时其分布形态各异，根系固土效应差异大，枯枝落叶的吸水性能、密度以及对地表覆盖程度均不同，对地表抗蚀能力、土壤改良效果的影响也不同。3类植被对雨滴动能的减弱效应一般表现为乔木＞灌木＞草本，由于不同植被类型覆盖度差异较大，因此这一规律具有前提性（张艺，2013；张颖，2007）。由于植被类型的差异对坡面水土流失防治效益影响显著，合理配置坡面绿化植被能有效防止坡面水土流失。研究表明，坡面覆盖度大的植被防治水土流失效应大于覆盖度小的植被（樊登星等，2014），复合型模式好于单一型模式（张丹丹和潘德成，2009）。边坡绿化植物配置的难点在于恶劣的立地条件往往不能满足植被的生长要求，缺乏典型立地条件植物选择与配置的参考依据和标准（钟爽，2005；韩武波等，2004）。因此亟须开展系统全面的典型边坡生态防护研究。

1.4.2 边坡及其生态防护

公路建设、矿山开采等生产建设项目在施工过程中、施工后期产生数量巨大、形式多样的坡面，即边坡。在外营力的作用下，产生比原地貌更为剧烈的水土流失，具有分散性和潜伏性，兼具复杂性和多样性，对项目建设区及周边影响范围内的生态环境产生严重的不良影响。水土资源是人类生存的基础条件，关系着人类社会的发展，影响社会经济的稳定和生态安全，是全世界共同关注的重大环境问题，同时也是建设和维持和谐社会的关键。因此，生产建设项目损毁边坡的生态防护是一项长期而艰巨的任务。边坡生态防护是目前较为常见的边坡复绿方法（Chen et al.，2013；黄莹等，2013；Hu et al.，2012；Zhao et al.，2012），是指针对受人为破坏的裸露边坡，通过传统的绿化方法不能恢复植被生长，应根据项目实施区的边坡破坏类型、自然条件及周边环境等情况，通过边坡工程以稳固坡面，改善植物生长条件，再结合植被措施进行边坡植被恢复的生态修复手段，科学合理规划边坡生态恢复的方法。边坡生态防护仅限于防止表土的侵蚀和防止较浅层土壤的裂隙，无法对边坡深层的崩塌和极厚土层的滑坡产生作用。

公路、废弃矿山边坡的生态防护措施应根据项目特点和工程实际情况设计并进行筛选，主要通过防护工程、建植技术和植被管理工程提高边坡的稳定性与植被恢复效果（表 1-1），常采用的绿化基本思路如下。

表 1-1　边坡生态防护主要工序及内容

生态防护内容	分类	定义
防护工程	轻质框架	使用钢、塑料等材质的框架进行组装的工程措施。该措施比预制混凝土框架的质量轻，安装简便。框架的形状有方形、多边形及圆形等种类
	挂金属网	在坡面拉、挂金属网的工程措施。金属网具有刚性强、耐久性好的优点，能够有效地防止浮石和滚石的移动，并能够营造、稳定植物生长的地基
	地形整理（波浪形、瓦楞形）	根据边坡绿化的总体规划要求，对现场的坡面进行填、挖、堆筑等，整理出更有利于植物生长的地形
	⋮	⋮
	排水措施	为防止由于地表径流、地下水、涌水等造成的坡面侵蚀和崩塌，稳定边坡、维持植物生长所必需的截排水、集蓄水等排水措施
建植技术	喷播	用压力机械以喷射方式将含有或不含有植物种子的植生基材输送到裸露边坡进行植被恢复
	客土	荒山、硬质的切削坡面等土壤养分不足，如果不进行土壤改良植物难以生长，在这种情况下，利用优质的土壤或混有肥料和改良材料的土壤进行植被恢复
	植被毯	将带有种子、肥料、土壤改良材料、有机质材料的垫式覆盖材料（植生垫）铺开，用地锚或钉子固定在地表的工程措施
	⋮	⋮
	生态袋	在合成纤维、无纺布等袋子中塞入种子、土壤、肥料等植物生长基质，以点状、线状、面状配置的工程技术。具有种子和肥料流失少、客土能够改善生长地基、能够很好地与施工地契合等特点
植被管理工程	群落长成初期	确定植被恢复目标的同时，配置群落组成，并进行追肥、追播、补植、除草、抚育采伐等
	群落形成过程中	定期检查，在植物可能出现衰退时，进行补植、间伐、抚育采伐、割蔓草、处理倒木等
	群落形成后	在先驱植物改善土壤环境之后，进行植物栽植、抚育采伐、割蔓草等处理，营造乔灌草相结合的景观效果

首先，由于倾斜坡地生长地基和风化土层不稳定，所以要先设置防护工程进行固定，再进行植被的栽植，以防止坡面土壤侵蚀的发生。防护工程包括轻质框架、挂金属网、地形整理和排水措施等。公路边坡常采用钢筋笼嵌生态袋、土工格栅内置生态袋、钢筋混凝土框格生态袋、挂金属网等措施（骆汉，2014；Long et al.，2012；穆林林，2010；李猛，2008；Yan et al.，2008；Li et al.，2006；Booth and Davies，2005；王玲，2005）进行固土和护坡、拦蓄坡面径流和泥沙，以达到防止水土流失的目的；废弃矿山边坡常采用机械压实、波浪形地形整理等措施改变坡体的物理性质，使其更适宜植物生长，采用抗旱保水措施实现地表水的有效利用，提高苗木成活率。在预测土层含水后可能会软化的地方设置坡肩排水措施、坡面排水措施等。

其次，配套使用能够营造良好生长地基的建植技术，如喷播绿化、客土绿化、生态袋绿化等（岳桓陛等，2015；梁淑娟等，2012；高德彬等，2008；Hann and Morgan，2006；李绍才等，2006），将符合绿化需求的植物引入施工地点，防止种子和生长地基流失、防止表土侵蚀的同时，促使植物群落形成，保证植物稳定，营造良好的生长环境。

再次，合理开展植被管理工程。植物的选择应考虑绿化的速度与景观效果，以优选植物和自然入侵的植物为绿化目标，通过培育、防灾、改善自然环境、形成景观等手段诱导形成与周围植被相协调的群落。因草本群落易快速退化，关系到坡面的稳定，因此，应避免形成单一的草本群落，适当增加灌木比例。灌木枝叶繁茂，冠幅较大，根系庞大，可以有效阻止雨水对边坡土壤的溅蚀，固持土体，稳定边坡（刘窑军等，2012）。还可优先采用根瘤植物、先驱树种改善土壤环境（任玉晶，2011），还要考虑所选植物的地面覆盖和根系固土能力，深根性乔灌草结合，以期更好地发挥水土保持作用。在急陡坡地，高植物群落易倒伏、不稳定，因此以形成低矮群落为目标。

边坡防护工程、植被工程和植被管理工程是边坡生态防护体系的重要组成部分，可改造边坡土壤条件，调节土壤通气性、保水性、透水性，提高边坡的稳定性与植被恢复效果，保障公路、废弃矿山边坡的安全性，提升边坡景观效果。

1.4.3 边坡生态恢复现状

采用常规的绿化方法难以满足公路建设、矿山开采形成的裸露边坡植被恢复的需求，而且常规的绿化方法恢复进程缓慢，往往需要 50～100 年甚至更长的时间。因此需遵循恢复生态学与景观规划学的基本原理，采取治理难度更大、技术难度更高的边坡防护技术，有效防止项目建设过程中水土流失及地质灾害的发生。

1.4.3.1 公路边坡生态恢复现状

公路边坡植被恢复是我国路域生态系统的核心，其好坏直接影响路域生态系统的稳定程度和发展方向（江源等，2007）。随着人们对路域生态系统景观效果要求的提升以及环保意识的加强，公路边坡生态防护措施在世界范围内都有应用（Zhou et al.，2012；Grace，2000；Liu et al.，2007）。边坡生态防护是公路边坡植被恢复的重要手段。坡面植被可以涵养水源，有效减少水土流失，植物根系对土壤的固结和加筋作用可以稳定岩土边坡，防止生态系统功能进一步退化，营造季相鲜明的边坡绿化景观，以期取得最佳的生态修复效果（齐藤诚等，2010；陶岩等，2006）。近几年，围绕公路边坡生态修复这一问题，我国开展了系列的边坡生态防护措施选择、新措施研发、植被恢复等科学研究（陈琼，2014；王志泰等，2012；赵思金，2008）。随着边坡防护技术的逐步成熟，公路边坡生态修复方面的研究成果丰硕。例如，潘树林等（2012）选取浙江省经过一年生态恢复的16个岩质边坡为研究对象，对坡面没有植被和坡面环境形成交互发展的植被早期恢复状况进行研究发现，坡度在30°～52°时，岩质边坡早期生态恢复演替中的土壤养分不会受到坡度的影响。杨玉金等（2006）在濮鹤高速公路边坡建立了36个植被生态防护效果观测区，开展了三维网生态防护效果的数量化研究，并对不同坡向、不同坡位的植被生态防护效果进行了定量分析，结果表明，三维网生态防护对土壤侵蚀量、植物发芽率、成坪时间、生物量、有效根密度、植被盖度、植被均匀度的影响极为显著。Beikircher 等（2010）在奥地利蒂罗尔州阿尔卑斯山选用叠置铁丝石笼（每个石笼的规格为2m×1m×1m）生态防护措施，开展岩质边坡的植被恢复试验，试验结果显示，铁丝石笼生态防护措施可作为陡峭岩石斜坡传统固定方法的替代措施，具有较好的斜坡固定和植被恢复效果。现有研究涉及区域范围广，不同气候区的试验结果具有地域制约性，对北京地区边坡生态防护措施选择的指导性不强，且鲜少有基于系统、全面调查基础上的北京地区生产建设项目损毁边坡的生态防护研究报道。

1.4.3.2 废弃矿山边坡生态恢复现状

矿山废弃地是指采矿活动所破坏的，未经治理而无法使用的土地（马从安和才庆祥，2010），通常指采石场的石壁立面、松散堆积体等特殊而极端的生境。土壤营养条件差、蓄水保水困难、植被成活率低等问题严重制约水土流失治理以及植被恢复（Liu et al.，2010；Lin et al.，2005），因此废弃矿山困难生境的植被恢复工作刻不容缓。

岩质坡面非常坚硬且风化速度较快，边坡表层土壤较薄，受风化作用的影响植物根系束缚土壤的能力会快速丧失，导致植物根系无法深入固定在土壤中

（Ji et al.，2012；Cammeraat et al.，2005）。矿区裸露边坡采用常规的绿化方法难以达到植被恢复的目的，主要有以下三方面的原因：①由于植被恢复需要对急陡坡面进行削坡处理，因此矿区边坡土壤越硬，地基越不稳定（王英宇等，2012）；②土层中若含水，土壤则会变蓬松，易受侵蚀，相反，干燥时又变得坚硬，反复干湿的条件下，表层会被风化而剥落，变得极不稳定，植被难以稳定生长（王崇军，2008）；③因土壤坚硬，根系难以深入土中，易发生植物生长不良、快速退化、倒伏等现象（李勇等，2006）。松散堆积体边坡是由于斜坡变形破坏后继续运动（张吉庆，2009）或人为堆积的产物，具有蓄水能力较差、透水性强、易松散（赵建军等，2008）的特点，是废弃矿山边坡植被恢复的重点和难点。

废弃矿山植被恢复是一个复杂的问题，植被恢复的许多理论和方法来源于生物学、地学、数学等自然学科，并以生态系统演替理论作为指导退化生态系统植被重建的重要理论基础（彭少麟和陆宏芳，2003）。矿山开采导致生态系统遭受严重损坏，植被自然恢复往往需要 50～100 年甚至更长时间（Bradshaw，1997），进度非常缓慢。因此恢复和重建退化生态系统，进行植被恢复理论和技术研究，维持自然生态环境的稳定和持续发展，实现废弃矿山植被覆盖率的提高，是当今需要研究并解决的重要课题（郝蓉等，2003）。

关于废弃矿山植被恢复与重建，已有学者开展了系列研究。有研究表明，采用表层覆土技术对轻酸性矿山、煤矸石矿山等实施氧化控制，来改善水环境污染及生态环境危害现状（Song and Yanful，2010；Mbonimpa et al.，2003；Swanson et al.，2003）。Woyshner 和 Yanful（1995）的研究表明，表层覆土在一定程度上可以增加持水性，改良松散堆积体坡面的水分保持能力。白中科等（1999）通过对 13 年的平朔露天煤矿受损生态系统定点研究，将大型露天煤矿生态系统演变过程划分为 3 个阶段、4 个类型。胡振琪等（2003）通过实地观测，对煤矸石山人工植物群落的生长规律、生产力水平和土壤理化特性的影响及其制约因素进行了研究。郭逍宇等（2005）通过群落调查和实验分析，利用除趋势典范对应分析、多元线性回归分析等方法，分析了安太堡矿区植被恢复过程中多样性的变化情况。王希华和宋永昌（1999）对浙江天童国家森林公园废弃采石场植被自然恢复早期阶段的种群动态及生物量进行了研究。束文圣等（2003）调查分析了广州市白云山地区弃置两年的大型采石场的排土场、采石坑以及原用作破碎加工石料和成品贮运平台等的土壤种子库和自然植被。袁剑刚等（2005）对位于珠江三角洲地区的 3 个已关闭 3 年、5 年和 6 年的采石场悬崖上的土壤特征和自然植被进行了调查和分析。现有研究多是基于对煤矿困难立地和植被演替早期阶段废弃矿山困难立地植被和土壤的动态研究，基于长时间梯度的废弃矿山边坡困难生境的植被结构、演替变化、土壤分异性规律的研究亟待开展。

1.4.4 边坡植被恢复演替研究进展

大面积生产建设活动引发的次生演替恢复过程非常缓慢，无论是植被恢复时间还是植物物种的入侵与更新都需耗费至少数十年的时间（Silva et al.，2013；Bradshaw，1997），而且破坏后土壤相对贫瘠，缺乏植物所需营养元素，如何在较短时间梯度内实现建设工程损毁立地植物群落自然恢复是近些年的重要研究课题。经过数年的研究工作，国内外学者在受损边坡植被演替规律、人为干扰方式对植被演替进程的影响等方面都开展了大量的实践工作并取得了一定的科研成果（李林霞等，2014；Liu et al.，2013；Wang et al.，2004）。

1.4.4.1 边坡植被恢复演替规律

植被生态系统的重建是受损生境植被恢复的主要途径之一，并以生态系统演替理论作为重要的理论基础（Parraga-Aguado et al.，2013）。Prach 等（2013）和 Anawar 等（2013）的研究表明，生产建设受损边坡的植被恢复遵循次生演替的一般规律，兼具以下 3 个特点：①群落物种组成受乡土物种的影响强烈（Woch et al.，2013；Alday et al.，2011；Hendrychová，2008）；②随着演替进程的发展，边坡群落的物种组成由简单到复杂，演替的各个阶段由不同种类的群落组合占据优势（Evans et al.，2013；Grant，2006；Chazdon，2003）；③在全球区域大尺度范围内，气候、土壤母质、植被区系等因子主导区域内的植被类型（Burke，2001），而在立地类型这一更小尺度上，非地带性环境因子主导群落结构及物种组成（Burga et al.，2010；裴娟等，2009）。

边坡植被恢复的常规手段是根据气候区的不同栽植或撒播人为设计植物物种，通常多选择易成活且具备一定固土保水能力的植物。随着植被恢复时间的增加，植物生长受到许多环境因素（如土壤水分条件、养分条件等）的限制，群落结构发生变化，部分适应性强的乡土树种通过一定的媒介很容易扩散至边坡植物群落中，随后便迅速生长成为优势种（孟小华，2007）。

随着植被演替的进行，入侵植物不断增加，植物群落越来越复杂，原始设计栽植植物的优势地位出现两极分化，适生性好、繁殖能力强的植物仍在边坡占据优势（孟小华，2007），部分适生性差、抗旱能力差的植物在边坡逐渐消失，入侵植物或土壤种子库中植物逐渐占据优势地位。随着边坡植物的不断变化，演替各个阶段的优势种及植物群落配置往往不同。掌握典型边坡不同演替阶段的群落配置可用于指导演替中后期边坡植被的补植。

传统的植被演替研究多基于空间大尺度范围，立地条件这一更小尺度的植被演替研究未受到足够重视。随着生产建设项目损毁边坡数量的增加，各种类型裸露边坡的植被恢复成为近年来的研究热点。早在 20 世纪初美国、加拿大等专家相继提出了多层次的土地分类方法，是当下立地条件划分方法的雏形（Barnes，1982；Franklín，1980；Kojima and Krumlik，1979）。随着研究的不断深入，研究人员发现地貌不同导致立地条件不同，不同立地条件的水热差异导致生长植被不同（徐满厚和薛娴，2013），因此立地条件对植被恢复具有重要的制约作用。

1.4.4.2 人为干扰对植被演替的影响

植被生态系统的重建是改善土壤条件使其恢复生态功能的关键，应根据项目特点和工程实际情况合理设计生态防护措施，采用工程措施与植物措施相结合的方法进行防护。许多国内外学者（Cohen-Fernández and Naeth，2013；Yin et al.，2012；Zeng et al.，2007）致力于不同人为干扰方式对植物群落组成、类型、结构、生物量、植被多样性等方面的影响及其随环境梯度的变化规律研究。大多数的植被演替过程都伴随着环境因子与植被因子不断的协调发展（Sperry and Hacke，2002；Woodward and McKee，1991；Jensen et al.，1990；Chapin et al.，1987）。干扰行为通过影响演替驱动力来影响演替进程，边坡植被生长的影响因素众多，演替驱动力也多种多样（彭鸿嘉等，2004）。根据驱动力来源将其分为生物因素和非生物因素。生物因素主要指入侵物种的干扰作用。非生物因素主要指环境限制作用，包括土壤、气候等（杨振意等，2012）。

纵观国内外研究现状，植被恢复理论研究已经发展得比较成熟，无论是从理论基础上还是技术方法上都形成了较完善的研究体系。然而针对北京地区生产建设项目损毁边坡这一类特殊的困难立地，现有的研究成果难以满足实践工程的需要，缺乏系统评价人为促进植被恢复效果的指标体系，无法对北京地区边坡植被恢复工作提出针对性的指导意见。

1.5 本书研究框架

本研究以北京地区高速公路、房山区周口店镇废弃矿山、上辛庄水土保持科技示范园区及轻工业环境保护研究所生态修复科研基地 239 个生态防护边坡为研究对象，依据边坡类型的不同将其划分为 4 类，分别为山区岩质边坡、山区土质边坡、松散堆积体边坡和平原土质边坡。首先，以北京市山区和平原区高速公路为例，利用 Canoco 4.5 软件的冗余分析分析主要环境因子对群落分布的影响，通过研究群落物种更替变化、优势种种间关联性、群落总体关联性及植被多样性，探究公路边坡不同生态防护措施的植被恢复效果并筛选最佳群落配置；其次，以房山区周口店镇废弃矿山边坡为研究对象，开展废弃矿山边坡植被恢复动态研究，解析植物群落主导影响因素，总结矿区植被演替规律；最后，研究典型边坡不同生态防护措施的水土保持效益，并根据已获得的研究成果，构建植被-土壤系统耦合协调综合评价模型，评价北京地区生态防护措施的综合防护效果，推荐与之相适宜的植物物种及植物群落配置方式。本书研究框架如图 1-2 所示。

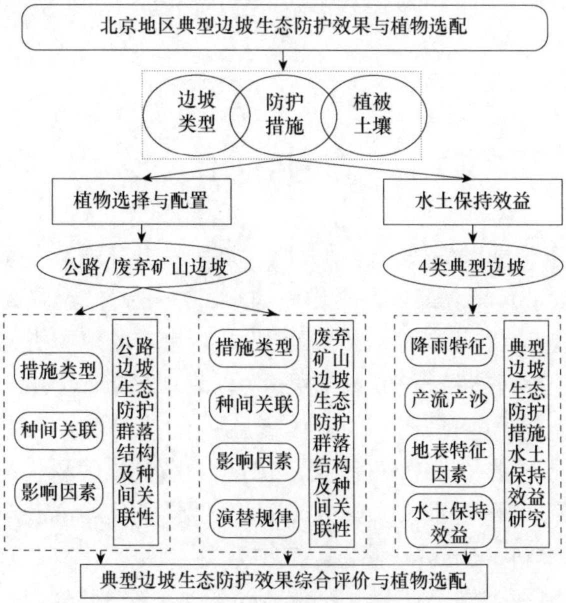

图 1-2 本书研究框架

2　研究区概况

2.1　试验区总体介绍

北京地区属温带季风气候，四季分明，夏季高温多雨，冬季寒冷干燥，多年平均气温 11.7℃，1 月气温最低，平均为–4℃，7～8 月气温最高，平均为 26℃，无霜期平均为 150～160 天（王淑玲，2004）。北京市的地貌类型可分为两大类即山区（多分布在北京西部和北部）和平原区（以北京东南部为主）（李婧等，2007）。植被类型为暖温带落叶阔叶林，总体覆盖度约为 50%，山区植被盖度约为 67.86%，高于平原区的 23.57%（刘义，2011）。植被以菊科（Asteraceae）、藜科（Chenopodiaceae）、景天科（Crassulaceae）、萝藦科（Asclepiadaceae）、蔷薇科（Rosaceae）和禾本科（Gramineae）等植物为主。

根据北京市地貌类型，选择 4 个调查试验地，分别是燕山沉降带西段浅山区、太行山北段东麓低山区、燕山中部山地区和平原区，各地貌区的调查试验地见表 2-1。

表 2-1　不同地貌类型区的调查试验地

地貌类型区	调查试验地
燕山沉降带西段浅山区	上辛庄水土保持科技示范园区
太行山北段东麓低山区	西六环、房山区废弃矿山
燕山中部山地区	京承高速北京段三期
平原区	轻工业环境保护研究所生态修复科研基地、五环路、六环路、京开高速公路（辛立村收费站至市界段）、京承高速北京段一期

2.2　降 水 特 征

北京地区多年平均降水量 655mm，燕山沉降带西段浅山区多年平均降水量为 549mm，太行山北段东麓低山区多年平均降水量为 593mm，燕山中部山地区多年平均降水量为 645mm，平原区多年平均降水量为 608mm，其中燕山中部山地区和平原区的降水量较大，燕山沉降带西段浅山区的降水量最小。北京年内降雨分配也存在严重不均衡性，雨季降水量大，而非雨季节降水量小，降雨主要集中在4～10月，占全年平均降水量的95%，11月至次年3月降水量非常小，仅占全年平均降水量的5%，北京市不同区域月平均降水量及分配比例见表2-2。极端暴雨天气在沿燕山、西山地带多发，自1950年以来，北方地区降水格局也在逐渐发生变化，小雨频率逐渐降低，中大暴雨频率逐渐增加（王佳丽等，2012；尤焕苓等，2012）。北京市旱涝交替现象明显，由于降雨分布不均，冬季缺水干旱，夏季降雨过程相对集中，易形成大雨或暴雨，产生大量地表径流，导致夏季汛期极易形成洪涝灾害，造成严重水土流失，对人们日常生活造成较大的威胁。

表2-2 不同区域降雨特征值分布

月份	燕山沉降带西段浅山区		太行山北段东麓低山区		燕山中部山地区		平原区	
	降水量/mm	比例/%	降水量/mm	比例/%	降水量/mm	比例/%	降水量/mm	比例/%
1	2	0	2	0	2	0	1	0
2	8	1	6	1	5	1	7	1
3	13	2	8	1	9	2	8	1
4	19	3	18	3	19	3	18	3
5	36	7	29	5	30	5	34	6
6	80	15	73	12	77	12	86	14
7	154	28	199	34	225	35	185	30
8	159	29	175	30	182	28	179	30
9	47	9	48	8	58	9	45	7
10	24	4	27	5	28	4	35	6
11	6	1	6	1	6	1	4	1
12	3	1	2	0	2	0	5	1
合计	551	100	593	100	643	100	607	100

2.3 水土流失现状

北京市位于华北平原北端，地形为西北高、东南低，山区主要分布在房山区、门头沟区、昌平区、延庆区、怀柔区、密云区和平谷区，山区面积10 072km^2，北京市总面积16 400km^2，山区面积占北京市总面积的61%以上。根据《2012年北京市水土保持公报》（北京市水务局）2010～2012年北京市第一次水务普查的统计数据，北京市土壤侵蚀类型主要为水力侵蚀，水土流失面积3201.86km^2，以密云区、房山区和怀柔区最为严重（表2-3）。

表 2-3 北京市各区土壤侵蚀情况

区域	土壤侵蚀面积/km²					
	合计	轻度	中度	强烈	极强烈	剧烈
全市	3201.86	1746.08	1031.46	340.64	70.12	13.56
城六区	49.10	28.23	11.23	7.11	2.41	0.12
门头沟区	396.44	246.47	114.32	30.61	4.91	0.13
房山区	635.07	187.49	313.65	111.61	20.90	1.42
通州区	2.11	1.97	0.08	0.05	0.01	0.00
顺义区	81.65	47.31	25.13	6.84	0.91	1.46
昌平区	180.05	128.37	44.94	5.14	0.94	0.66
大兴区	2.59	2.47	0.10	0.01	0.01	0.00
怀柔区	530.00	312.81	144.39	56.01	15.06	1.73
平谷区	280.44	126.38	107.16	42.43	3.47	1.00
密云县	703.64	402.71	207.45	66.85	19.91	6.72
延庆区	340.78	261.88	63.01	13.98	1.59	0.32

注：引自《2012 年北京市水土保持公报》

2.4 试验区自然环境

2.4.1 燕山沉降带西段浅山区

上辛庄水土保持科技示范园区位于延庆区大榆树镇上辛庄村，位于40°26′19″N～40°27′26″N、116°3′11″E～116°4′19″E，海拔约 535m。示范园区所在区域内新生界、中生界地层出露较多，大部分地表为第四纪黄土层覆盖，土壤质地多为壤土。示范园区中央平坦开阔，生态防护小区分布在园区的北、东、南三个方位。代表性的天然分布植物有白莲蒿（*Artemisia stechmanniana*）、黄花蒿（*Artemisia annua*）、白颖薹草（*Carex duriuscula* subsp. *rigescens*）、白草（*Pennisetum centrasiaticum*）、北柴胡（*Bupleurum chinense*）、紫穗槐（*Amorpha fruticosa*）、鬼针草（*Bidens pilosa*）、萝藦（*Metaplexis japonica*）、诸葛菜（*Orychophragmus violaceus*）等。

2.4.2 太行山北段东麓低山区

2.4.2.1 西六环（良乡至寨口段）

北京市西六环（良乡至寨口段）是六环路建设的最后一期工程，起点位于房山区良乡，终点至海淀区寨口，2006 年以奥运为契机启动西六环建设，2009 年 9 月 12 日六环路全线贯通，全长 38.28km，是北京市干线公路网规划中一条重要的快速环线，标志着北京市高速公路网构架基本形成，它连接京承、京石等 12 条放射线高速公路以及放射线国道，使北京高速公路网的整体功能大大提升。西六环（良乡至寨口段）路线途经房山区、丰台区、门头沟区及海淀区 4 个区（张艳等，2013c）。土壤主要为潮土、褐土与山地褐土。土壤侵蚀类型以微度、轻度水力侵蚀为主，兼有风力侵蚀。植被覆盖度在 40%左右，代表性的天然分布植被有油松（*Pinus tabuliformis*）、侧柏（*Platycladus orientalis*）、酸枣（*Ziziphus jujuba* var. *spinosa*）、黄花蒿、荆条（*Vitex negundo* var. *heterophylla*）、火炬树（*Rhus typhina*）、榆树（*Ulmus pumila*）、茜草（*Rubia cordifolia*）、臭椿（*Ailanthus altissima*）等。

2.4.2.2 房山区周口店镇废弃矿山

房山区周口店镇废弃矿山（图 2-1）地处华北平原与太行山交界地带，位于北京市房山区周口店镇娄子水村与黄院村附近，距离上方山国家森林公园约 7.88km，属于北京市房山区周口店镇建设工程损毁林地植被修复试验示范区，位于 39°30′N～39°55′N、115°25′E～116°15′E，海拔 70～250m。周口店地区属华北低山石灰岩地貌，矿产资源丰富，以非金属矿山为主，矿种的类型主要有煤、石灰石、大理石、花岗岩、红柱石、石板材料等。土壤为废弃采石场渣土，土壤结构疏松，土层薄而且孔隙较大，质地为多砾石砂壤，土壤中的腐殖质较少。植被以菊科、藜科、景天科、萝藦科、蔷薇科和禾本科等植物为主（杨翠霞等，2014；张艳等，2013a）。

图 2-1 房山区周口店镇黄院村采石场开采现状（彩图请扫封底二维码）

2.4.3 燕山中部山地区

京承高速北京段三期历时两年修建完成，修建难度最大，全线位于密云区东北部山区，起于密云区穆家峪镇沙峪沟村，止于京冀交界处的司马台麒麟楼隧道，与京承高速路承德段相接，全长 62.7km，2009 年 9 月 27 日通车。地处北方土石山区燕山山脉，属山岭重丘区，山高坡陡，沟壑密度大，线路途经海拔 200～500m。沿线土壤种类主要有淋溶褐土、山地褐土、山地棕壤等。土壤侵蚀类型以轻度水力侵蚀为主，土壤容许流失量为 1381.91t/（km^2·a）。代表性的天然分布植被有刺槐（*Robinia pseudoacacia*）、山杨（*Populus davidiana*）、荆条等。

2.4.4 平原区

2.4.4.1 轻工业环境保护研究所生态修复科研基地

北京市轻工业环境保护研究所生态修复科研基地位于北京西北部，隶属于昌平区马池口镇亭自庄村，位于 40°10′47″N～40°10′53″N、116°8′29″E～116°8′51″E，海拔约 57m，园区所在位置为平原地貌，土壤为沙质壤土。代表性的天然分布植被有荆条、灰绿藜（*Chenopodium glaucum*）等。

2.4.4.2 五环路

五环路全长 98.58km，是北京市第一条环城高速公路，始建于 2000 年 8 月，2003 年 11 月建成通车。五环路跨越京通快速路、首都机场高速公路、京哈高速公路、京港澳高速公路等，连接京顺路、京原路等 20 多条城市主干道。五环路经过地段主要为平原，西北部经过平原微丘区，边坡主要植物为五叶地锦（*Parthenocissus quinquefolia*）、火炬树、萝藦、圆叶牵牛（*Ipomoea purpurea*）、田旋花（*Convolvulus arvensis*）等。

2.4.4.3 六环路（除西六环）

北京市六环路（除西六环）途经昌平区、朝阳区、海淀区、房山区、丰台区、通州区等，是联系北京市郊区卫星城和疏导过境交通的公路干线，全长 149.32km，公路沿线多为开阔的平原，地势平坦，土壤肥沃。自然生长植被有紫穗槐、榆树、田旋花、茜草等。

2.4.4.4 京开高速公路（辛立村收费站至市界段）

京开高速公路（辛立村收费站至市界段）位于北京市大兴区榆垡镇，是我国高速公路网中贯穿南北的一条主干线和南北运输大动脉，设计起点位于现京开高速黄垡分离式立交，之后向西偏离现状路，经小黄垡村、西瓮各庄村、景家场村、黄各庄村、求贤村，终点在市界与阿深高速廊坊段相接，路线全长 8.83km，2010 年 12 月 2 日正式建成通车。京开高速公路（辛立村收费站至市界段）沿线处于永定河冲积扇中下部，地势平缓，呈平原地貌。自然生长的植物有鬼针草、诸葛菜、臭椿。

2.4.4.5 京承高速北京段一期

京承高速北京段一期起于四环路望和桥，止于顺义区高丽营镇，2002 年 10 月 26 日通车。京承高速北京段一期跨清河和温榆河经高丽营镇与六环路相交，公路沿线为平原地貌，以绿化用地和农田为主，土壤类型以褐土为主。行道树以人工栽植的毛白杨（*Populus tomentosa*）及五叶地锦为主。

3 研究内容与方法

3.1 研 究 内 容

3.1.1 公路边坡生态防护群落结构及其种间关联分析

边坡立地条件的不同影响植被生长要素，如光照、温度、水分、空气、养分的分配等，造成植被生长的差异。因此，本研究根据不同地貌区的边坡特点将北京市调查涉及高速公路边坡划分为 3 类，分别是山区岩质边坡、山区土质边坡和平原土质边坡，并根据生态防护措施和设计植被的不同，将调查样地划分为 12 小类，研究植被恢复过程中边坡植物更替变化、种间联结性和群落总体关联性，并利用 Canoco 4.5 软件的冗余分析（RDA）探究环境因子对植被分布的影响，提出北京地区高速公路边坡较佳的生态防护措施，推荐与其相适宜的主要植物物种及最佳的群落配置方式。

3.1.2 废弃矿山边坡生态防护群落结构及其种间关联分析

废弃矿山边坡受损生态系统的立地条件特殊，土壤生境较差，严重制约植物生长。为了实现废弃矿山边坡的植被恢复和重建，本研究采用空间代替时间的方法，以房山区周口店镇废弃矿山边坡为研究对象，对生态防护边坡、自然恢复边坡以及周边未开采边坡进行植被调查。开展山区岩质边坡、山区土质边坡和松散堆积体边坡的植被恢复动态研究，并采用典型相关分析定量描述影响群落分布的主要环境因子。在此基础上，运用 WinTWINS 软件对 149 个样地的植物群落进行分类，研究不同时间梯度的植被恢复情况，得出废弃矿山边坡的植被演替规律，用以指导生态防护边坡不同演替阶段的植物选择与配置。

3.1.3 典型边坡生态防护措施水土保持效益研究

在水土流失治理过程中，保水保土效益是获得一切效益的前提和基础。在掌握试验区降雨特征的基础上，通过坡面产流产沙试验，长期观测自然降雨条件下的产流量和产沙量，利用灰色关联分析探究各地表特征因素（前期含水量、枯落物厚度、植被盖度、土壤有机质含量、总孔隙度）对产流量、产沙量的影响，通过分析各类生态防护措施的“产流-产沙”关系，以及建立综合贡献度模型，得出典型边坡（山区岩质边坡、山区土质边坡、松散堆积体边坡和平原土质边坡）不同生态防护措施的水土保持效益，为北京地区生产建设项目损毁边坡生态防护措施的选择以及水土流失的防治提供参考。

3.1.4 典型边坡生态防护效果综合评价与植物选配

基于前文的研究结果，对北京市调查涉及的239个典型边坡的生态防护措施进行归纳总结，利用植物数量特征、植被多样性、土壤理化性质以及水土保持效益的相关指标，建立植被-土壤系统耦合协调综合评价模型，评价山区岩质边坡7种生态防护措施、山区土质边坡9种生态防护措施、松散堆积体边坡4种生态防护措施以及平原土质边坡2种生态防护措施的综合防护效果。同时，利用植物的相对频度、重要值、生态位宽度和生态位重叠筛选北京市水土保持植物，旨在为北京地区生产建设项目损毁边坡选择适宜的生态防护措施及植被恢复途径。

3.2 技术路线

本研究从不同的边坡类型入手，开展植被、土壤、环境因子和水土流失调查，建立模型分析不同边坡植被群落特征及植被群落对坡面减流减沙的效益。本研究技术路线如图3-1所示。

3.3 研究方法

3.3.1 边坡生态防护措施类型调查

3.3.1.1 高速公路边坡生态防护基本情况

为防止公路边坡水土流失的发生，保障北京百姓的生命财产安全，探究不同边坡防护措施下的植被恢复效果，按照典型性、代表性和科学性的原则，本研究以京承高速北京段一期、京承高速北京段三期、京开高速公路（辛立村收费站至市界段）、五环路、六环路为研究对象，调查六类生态防护措施70个样地的植被、土壤和立地条件，各边坡生态防护基本情况见表3-1。

3.3.1.2 废弃矿山边坡生态恢复基本情况

废弃矿山植被恢复是北京地区关停废弃矿山生态修复的重点工程之一（Zhang et al.，2014），为规范矿区植被保护和生态恢复的相关技术指标，实现矿区生态系统自然景观恢复，完善生态修复的技术手段和方法，不同类型的矿山

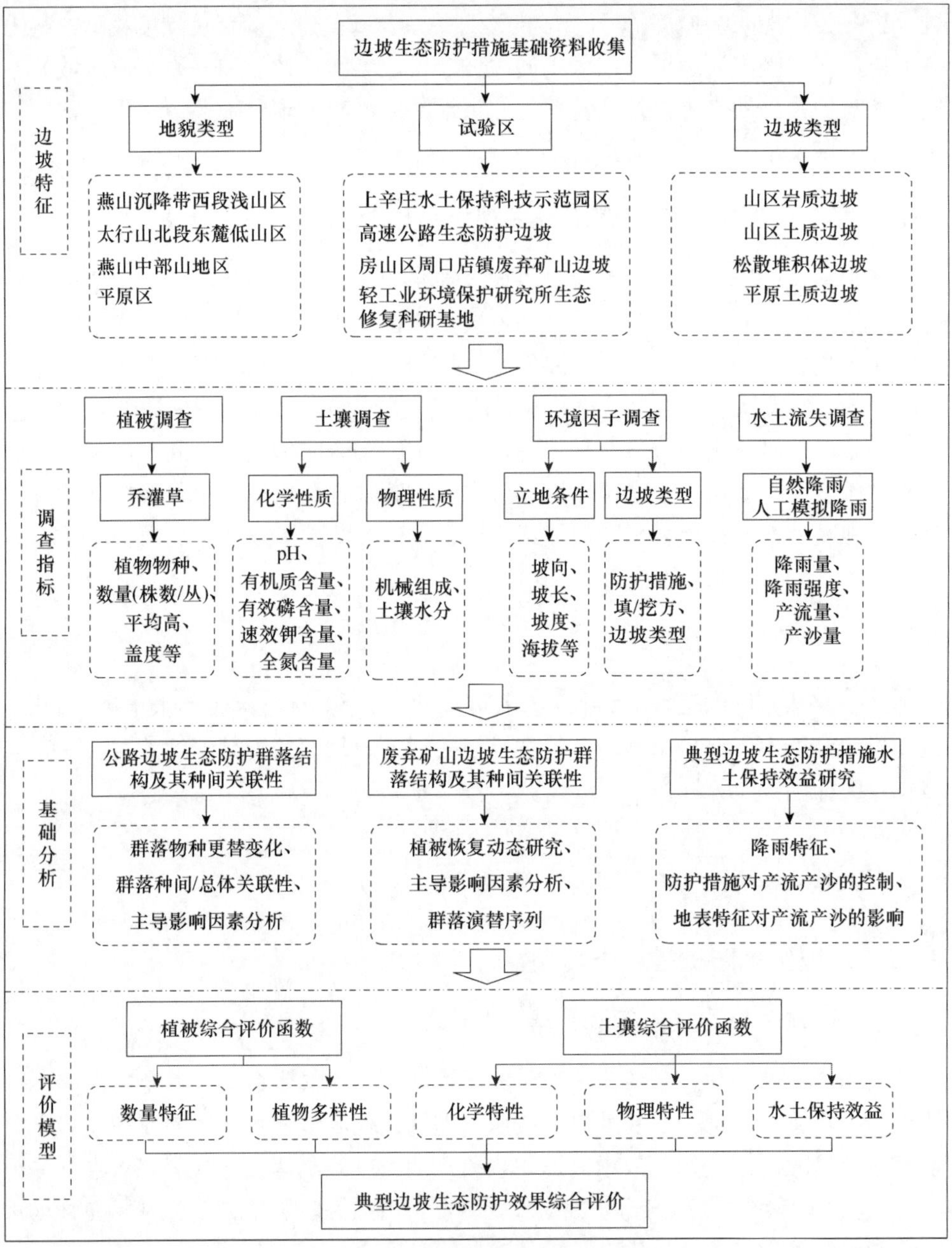

图 3-1　本研究技术路线图

生态修复工程试点项目相继开展。黄院村采石场试验示范区的边坡植被恢复工作从十多年前就已经开始，代表性的裸露边坡生态防护措施见图 3-2，废弃矿山边坡基本情况见表 3-2。

表 3-1 高速公路边坡生态防护基本情况

生态防护措施	植物物种	编号	具体位置	坡向/(°)	填/挖方	坡长/m	坡度/(°)	地形
浆砌石框格客土	诸葛菜、高羊茅（*Festuca arundinacea*）、紫穗槐、紫苜蓿（*Medicago sativa*）、白颖薹草	01	京承高速北京段三期 93.1km	155	填方	5.5	37	山区
		02	京承高速北京段三期 106.57km	80	填方	6.5	39	山区
		03	京承高速北京段三期 111.3km	290	填方	10.0	34	山区
		04	京承高速北京段三期 110.2km	245	填方	10.5	40	山区
		05	京承高速北京段三期 107.85km	290	填方	13.0	33	山区
钢筋混凝土框格生态袋	柠条锦鸡儿（*Caragana korshinskii*）	06	京承高速北京段三期 75.6km	0	挖方	12.0	42	山区
		07	京承高速北京段三期 79.6km	43	挖方	9.0	40	山区
		08	京承高速北京段三期 81.3km	0	挖方	8.0	47	山区
		09	京承高速北京段三期 117.45km	300	挖方	7.0	58	山区
		10	京承高速北京段三期 81.33km	160	挖方	7.0	60	山区
挂网客土喷播	诸葛菜、高羊茅、黑麦草（*Lolium perenne*）、野牛草（*Buchloe dactyloides*）	11	京承高速北京段三期 117.9km	310	挖方	15.0	63	山区
		12	京承高速北京段三期 120.55km	345	挖方	8.0	60	山区
		13	京承高速北京段三期 120.6km	145	挖方	16.0	25	山区
		14	京承高速北京段三期 104.2km	0	挖方	8.5	31	山区
		15	京承高速北京段三期 101.3km	105	挖方	6.5	42	山区
		16	京承高速北京段三期 118.46km	330	挖方	7.0	51	山区
		17	京承高速北京段三期 120.45km	155	挖方	12.0	51	山区
		18	京承高速北京段三期 114.3km	325	挖方	5.5	39	山区
		19	京承高速北京段三期 114.49km	145	挖方	9.0	46	山区
		20	京承高速北京段三期 121.9km	155	挖方	6.5	52	山区

续表

生态防护措施	植物物种	编号	具体位置	坡向/(°)	填/挖方	坡长/m	坡度/(°)	地形
土工格栅内置生态袋	高羊茅、黑麦草、野牛草	21	京承高速北京段三期 102.74km	70	填方	2.5	83	山区
		22	京承高速北京段三期 107.1km	130	填方	7.0	80	山区
		23	京承高速北京段三期 103.3km	50	填方	5.0	52	山区
		24	京承高速北京段三期 115.95km	310	填方	13.0	29	山区
		25	京承高速北京段三期 109.42km	290	填方	2.8	32	山区
蹄形空心六棱砖	叉子圆柏（*Juniperus sabina*）、马蔺（*Iris lactea*）、费菜（*Phedimus aizoon*）	26	京开高速公路（辛立村收费站至市界段）1349.5km	105	填方	5.0	34	平原
		27	京开高速公路（辛立村收费站至市界段）1349.5km	105	填方	5.0	34	平原
		28	京开高速公路（辛立村收费站至市界段）1349.5km	105	填方	5.0	34	平原
		29	京开高速公路（辛立村收费站至市界段）1349.1km	245	填方	7.0	34	平原
		30	京开高速公路（辛立村收费站至市界段）1349.1km	245	填方	7.0	34	平原
空心六棱砖	叉子圆柏、马蔺、费菜	31	京开高速公路（辛立村收费站至市界段）1343km	120	填方	11.0	37	平原
		32	京开高速公路（辛立村收费站至市界段）1343km	120	填方	11.0	37	平原
		33	京开高速公路（辛立村收费站至市界段）1343km	120	填方	11.0	37	平原

续表

生态防护措施	植物物种	编号	具体位置	坡向/(°)	填/挖方	坡长/m	坡度/(°)	地形
空心六棱砖	叉子圆柏、马蔺、费菜	34	京开高速公路（辛立村收费站至市界段）1342.8km	285	填方	3.5	35	平原
		35	京开高速公路（辛立村收费站至市界段）1342.8km	285	填方	4.2	35	平原
	叉子圆柏	36	西六环 132.5km	220	挖方	10.0	35	平原
		37	西六环 130km	245	挖方	10.0	35	平原
		38	南六环 102.3km	190	挖方	8.0	36	平原
		39	西六环 129.5km	250	挖方	7.0	34	平原
		40	西六环 158.7km	95	挖方	7.5	34	平原
	紫穗槐	41	京承高速北京段一期 16.8km	270	填方	10.0	36	平原
		42	京承高速北京段一期 18km	105	填方	6.5	38	平原
		43	京承高速北京段一期 19km	130	填方	2.5	33	平原
		44	西五环 79.27km	340	填方	3.5	34	平原
		45	西五环 77.67km	335	填方	1.5	39	平原
		46	西六环 143.2km	130	填方	12.0	34	山区
		47	西六环 157.1km	40	填方	12.0	35	平原
		48	西六环 156.6km	280	填方	4.0	36	平原
		49	西六环 142.87km	150	填方	5.0	35	山区
		50	西六环 146.9km	45	填方	5.0	40	山区
	五叶地锦、紫穗槐	51	北六环 172.8km	180	填方	6.0	35	平原
		52	北六环 183km	30	填方	4.0	40	平原
		53	北六环 170.3km	0	填方	5.5	37	平原
		54	南六环 58.2km	130	填方	5.0	35	平原
		55	东六环 50.5km	145	填方	10.0	35	平原
	五叶地锦	56	北六环 169km	0	填方	3.0	38	平原
		57	南六环 90km	0	填方	9.0	35	平原
		58	西六环 116.5km	105	填方	10.0	35	平原
		59	南六环 90km	310	填方	4.5	35	平原
		60	南五环 49km	180	填方	9.5	36	平原
		61	南五环 48.55km	195	填方	2.8	35	平原

续表

生态防护措施	植物物种	编号	具体位置	坡向/(°)	填/挖方	坡长/m	坡度/(°)	地形
空心六棱砖	五叶地锦	62	北六环 188.3km	200	填方	8.0	40	平原
		63	北六环 188.3km	20	填方	8.0	40	平原
		64	西六环 166.3km	0	填方	10.0	35	平原
		65	西六环 116.5km	300	填方	7.0	35	平原
		66	西六环 118.85km	75	挖方	12.5	37	平原
		67	北六环 177.8km	20	挖方	9.0	36	平原
		68	北六环 178km	180	挖方	5.0	34	平原
		69	西六环 145.4km	60	挖方	4.0	33	山区
		70	西六环 145.5km	270	挖方	11.0	25	山区

图 3-2 黄院村采石场裸露边坡生态防护措施（彩图请扫封底二维码）

a. 椰纤植生毯绿化措施；b. 生态棒集流挡土绿化措施；
c. 生态袋绿化措施；d. 波浪形地形整理绿化措施

表 3-2 房山区周口店镇废弃矿山边坡基本情况

边坡类型	生态防护措施	恢复方式	样方数/个
山区岩质边坡	无	自然恢复	24
		天然生长	33
山区土质边坡	椰纤植生毯	自然恢复	15
		人工恢复	6
		天然生长	24
松散堆积体边坡	生态袋、椰纤植生毯、生态棒集流挡土、波浪形地形整理	自然恢复	99
		人工恢复	222
		天然生长	24

根据试验示范区建设时间，将其分为三个区块。试验示范区块一修建于2000～2004年，主要采取鱼鳞坑栽植小乔木的绿化措施，并取得了一定的成效，但绿化手段较为常规，且受立地条件影响较大，不适宜矿区松散堆积体边坡、高陡岩质边坡的植被恢复。试验示范区块二修建于2006～2008年，由北京市政府投资，开展周口店镇黄院村采石场绿化工程试验区建设，生态防护措施主要以椰纤植生毯绿化措施（图3-2a）为主。试验示范区块三修建于2009～2011年，由国家林业局支持的林业公益性行业科研专项“建设工程损毁林地植被修复关键技术研究与示范”（200904030）资助，在北京市房山区周口店镇建设工程损毁林地植被修复试验示范区内开展生态棒集流挡土绿化措施（图3-2b）、生态袋绿化措施（图3-2c）、波浪形地形整理绿化措施（图3-2d）的植被恢复研究，示范区植被恢复面积达到12hm^2。

3.3.1.3 上辛庄水土保持科技示范园区基本情况

上辛庄水土保持科技示范园区20个防护小区的坡面植被均建植于2007年6月，生态防护小区面积45～60m^2，坡比为1∶2的小区6个（编号01～04、19和20），坡向朝北；坡比为1∶1.5的小区6个（编号05～10），坡向朝西；坡比为1∶1的小区8个（编号11～18），坡向朝南，土质边坡为编号01～10、19和20，岩质边坡为13～20号，植被护坡设计类型详见表3-3。

3.3.1.4 轻工业环境保护研究所生态修复科研基地基本情况

轻工业环境保护研究所生态修复科研基地的3个防护小区的坡面植被均建植于2007年4月，防护小区面积45～60m^2，坡比为1∶2，其中2个防护小区有生态防护措施，分别是空心六棱砖绿化措施和蹄形空心六棱砖绿化措施，另一个防护小区是无植被栽植的对照小区。

表 3-3　上辛庄水土保持科技示范园区基本情况

小区编号	护坡类型	边坡类型	坡向	坡比	设计植物
01	植草	平原土质边坡	北	1∶2	高羊茅
02	植草	平原土质边坡	北	1∶2	结缕草
03	土工格室	平原土质边坡	北	1∶2	胡枝子（*Lespedeza bicolor*）、高羊茅
04	椰纤植生毯	平原土质边坡	北	1∶2	斜茎黄芪（*Astragalus laxmannii*）、无芒雀麦
05	钢筋笼嵌生态袋	山区土质边坡	西	1∶1.5	早熟禾（*Poa annua*）
06	空心六棱砖	山区土质边坡	西	1∶1.5	紫苜蓿
07	连锁砖	山区土质边坡	西	1∶1.5	高羊茅、诸葛菜
08	排桩挡土	山区土质边坡	西	1∶1.5	连翘、野牛草
09	蹄形空心六棱砖	山区土质边坡	西	1∶1.5	野牛草
10	浆砌石框格客土	山区土质边坡	西	1∶1.5	秋英（*Cosmos bipinnatus*）
11	钻孔绿化	山区岩质边坡	南	1∶1	爬山虎
12	生态袋	山区岩质边坡	南	1∶1	高羊茅、胡枝子、斜茎黄芪
13	挂网客土喷播	山区岩质边坡	南	1∶1	紫苜蓿、斜茎黄芪、秋英、诸葛菜
14	砖砌挡土	山区岩质边坡	南	1∶1	斜茎黄芪、紫苜蓿
15	土工格栅内置生态袋	山区岩质边坡	南	1∶1	高羊茅、黑麦草、秋英、紫穗槐
16	蹄形空心六棱砖	山区岩质边坡	南	1∶1	野牛草
17	钻孔绿化	山区岩质边坡	南	1∶1	爬山虎、结缕草
18	土工格室	山区岩质边坡	南	1∶1	紫苜蓿、斜茎黄芪、秋英、诸葛菜等
19	对照小区	山区土质边坡	北	1∶2	无
20	对照小区	山区土质边坡	北	1∶2	无

3.3.2　调查样本

研究试验地：北京地区高速公路［包括五环路、六环路、京开高速公路（辛立村收费站至市界段）、京承高速北京段一期、京承高速北京段三期］、房山区周口店镇废弃矿山、上辛庄水土保持科技示范园区和轻工业环境保护研究所生态修复科研基地，共涉及 4 个试验地的 239 个边坡。

研究对象：山区岩质边坡、山区土质边坡、松散堆积体边坡和平原土质边坡，共 4 种边坡类型和 16 种生态防护措施。

调查年份：北京地区高速公路、上辛庄水土保持科技示范园区和轻工业环境保护研究所生态修复科研基地调查时间为 2011 年和 2014 年，房山区周口店镇废弃矿山的调查时间是2011年。

研究选取指标见表3-4。

表3-4 研究选取指标

指标类型	筛选指标	采样数量
植被	盖度、植被多样性指数、群落相似性、物种优势度、种间联结性、群落总体联结性、物种生态位、枯落物厚度	调查4个试验地， 共计239个植被采样点
土壤	pH、有机质含量、有效磷含量、速效钾含量、全氮含量、土壤机械组成、土壤含水量、土壤总孔隙度	调查4个试验地， 共计239个植被采样点
产流产沙	降雨量、降雨强度、降雨历时、产流量、产沙量	调查3个试验地， 共计171个产流产沙采样点

3.3.3 样地设置与调查方法

3.3.3.1 北京地区高速公路

选择北京地区京承高速北京段一期、京承高速北京段三期、京开高速公路（辛立村收费站至市界段）、五环路、六环路70个生态防护边坡为研究对象，2011年8月和2014年8月开展典型生态防护边坡的植被调查，测量并记录所处样地的边坡防护措施、具体位置、坡向、填/挖方、坡长、坡度、植被盖度、地形等。在边坡上、中、下3个坡位分别进行样方调查，样方大小1m×1m，调查并记录防护边坡植物种类、数量（株数/丛）、平均高、枯落物厚度、植被总盖度和植物物种的分盖度。

由于公路边坡土层较薄，因此仅采集0～15cm厚的表层土壤，每个样地的样方设置范围内随机选取3点，将采集的土样带回实验室内，充分混匀风干后用于土壤养分含量的测定。

3.3.3.2 房山区周口店镇废弃矿山

2011年7～8月，在北京市周口店镇黄院村采石场内，采用空间代替时间的观测方法，在每个边坡上、中、下3个坡位设置样方（乔木样地10m×10m、灌木样地2m×2m、草本样地1m×1m）进行乔木、灌木和草本的调查，共设置样地149个、样方447个。调查记录每个样方内乔木的种类、数量（株数/丛）、胸径、地径、高度、冠幅和郁闭度，草本植物与灌木的种类、数量（株数/丛）、平均高和盖度，同时记录每个样方的乔、灌、草总盖度、坡向、坡长、枯落物厚度、土壤特征、边坡类型（土质、岩质、松散堆积体）、干扰程度（无干扰、轻度干扰、中度干扰、重度干扰）、恢复方式（自然恢复、人工恢复）和地理位置等，并通过查阅当地施工记录、走访当地居民等方式记录边坡植被的恢复年限。

植被调查的同时在每个样地调查范围内进行土壤样品的采集，带回实验室内进行土壤养分测定。由于矿区雏形生态系统中土层较薄，且受采石场困难立地条件影响较大，因此不做分层采样，仅采集 0～15cm 厚的表层混合样品（刘方等，2008）。

3.3.3.3 上辛庄水土保持科技示范园区和轻工业环境保护研究所生态修复科研基地

2011 年和 2014 年 7 月进行示范园区边坡植被调查，植被组成包括灌木和草本。采用样方法，每个生态防护小区按上、中、下 3 个坡位设置样方，灌木样方为 2m×2m，草本样方为 1m×1m，共设样方 60 个。调查记录每个样方内物种名称、数量（株数/丛）、盖度、平均高、枯落物厚度和生长状况等。

土质边坡取表层 0～20cm 土壤进行混合，岩质边坡取表层 0～10cm 土壤进行混合，在每个生态防护边坡设置样地范围内随机选取 6 个点，将采集的样品充分混匀后，分成 3 份，取 3 份样品测定数据的平均值。

3.3.4 重要值分析方法

物种优势度的变化常用重要值（IV）表示（赵成章等，2011），重要值是反映群落中物种地位和作用的重要指标。计算公式如下

$$\text{IV}_{\text{乔木(或灌木)}}=(\text{相对密度}+\text{相对高度}+\text{相对频度})/3 \tag{3-1}$$

$$\text{IV}_{\text{草本}}=(\text{相对密度}+\text{相对高度}+\text{相对盖度})/3 \tag{3-2}$$

乔木和灌木的重要值是相对密度、相对高度和相对频度等基本参数的平均；而草本的重要值是相对密度、相对高度和相对盖度等基本参数的平均。

3.3.5 群落动态分析方法

本研究围绕 3 个方面分析群落动态变化：①群落相似性；②种间联结性；③群落物种的生态位变化。

（1）利用雅卡尔（Jaccard）相似性指数（王国栋等，2012）进行不同演替阶段物种组成相似性分析。

Jaccard 相似性指数（S）的计算公式：

$$S=c/(a+b-c) \tag{3-3}$$

式中，a 为群落 A 的物种数；b 为群落 B 的物种数；c 为群落 A 和群落 B 中的共有物种数。

（2）物种的相互关联性通过种间联结性和群落总体关联性来计算。本研究采用耶茨（Yates）连续性校正计算种间关联性，方差比率法计算群落总体关联性（王乃江等，2010；Zhang，1997；李育中等，1990）。

物种间关联性（χ^2）的计算公式：

$$\chi^2 = \frac{[|ad - bc| - 0.5N]^2 N}{(a+b)(a+c)(b+d)(c+d)} \tag{3-4}$$

式中，a 表示植物物种 X 和 Y 同时出现的样方数；b 表示植物物种 X 出现而植物物种 Y 不出现的样方数；c 表示植物物种 X 不出现而植物物种 Y 出现的样方数；d 表示植物物种 X 和 Y 都不出现的样方数；N 表示取样总数。

关联形式共 2 种，若 $ad–bc>0$，为正联结；若 $ad–bc<0$，为负联结。若 $\chi^2>6.635$，则为种对间关联性极显著；若 $3.841<\chi^2\leqslant 6.635$，则为种对间关联性显著；若 $\chi^2\leqslant 3.841$，则为种对间关联性不显著。

群落总体关联性（VR）的计算公式：

$$\mathrm{VR} = S_{\mathrm{T}}^2/\sigma_{\mathrm{T}}^2 \tag{3-5}$$

$$\sigma_{\mathrm{T}}^2 = \sum_{i=1}^{S} P_i\left(1 - P_i\right) \tag{3-6}$$

$$P_i = n_i / N \tag{3-7}$$

$$S_{\mathrm{T}}^2 = 1/N\sum_{j=1}^{N}\left(T_j - t\right)^2 \tag{3-8}$$

式中，S_{T}^2 为所有样方物种数的方差；σ_{T}^2 为所有物种出现频度的方差；P_i 为物种 i 在调查样地中出现的频率；S 为总的物种数；n_i 为物种 i 出现的样方总数；N 为总样方数；T_j 为样方 j 内的物种总数；t 为所有样方中物种数的平均。

总体关联性可分为 3 种情况：VR=1，为群落物种彼此独立；VR＞1，为物种间总体表现为正相关；VR＜1，为物种间总体表现为负相关。

（3）采用莱文斯（Levins）生态位宽度（陈俊华等，2010；林伟强等，2006）和皮安卡（Pianka）生态位重叠指数（赵成章等，2013）分析物种的生态位变化。

Levins 生态位宽度计算公式：

$$B_{(\mathrm{SW})j} = -\sum_{j=1}^{r} P_{ij}\lg P_{ij} \tag{3-9}$$

$$P_{ij} = n_{ij} / N_i \tag{3-10}$$

$$N_i = \sum_{j=1}^{r} n_{ij} \tag{3-11}$$

式中，$B_{(SW)j}$为植物物种j的生态位宽度；P_{ij}为植物物种i对资源位j的利用占该植物物种对全部资源位利用的频度；n_{ij}为植物物种i在资源位j上的优势度（本研究用重要值代替）；r为资源位总数；N_i为植物物种i在r个资源位的重要值之和。

为了更清晰明了地表述生态位宽度，需要对生态位宽度进行标准化，使生态位宽度值域为[0, 1]，采用式（3-12）进行计算。

$$B'_{SW} = B_{SW} / \lg S \tag{3-12}$$

式中，B'_{SW}为标准化的植物物种生态位宽度；B_{SW}为植物物种的生态位宽度；S为植物物种总数。

Pianka 生态位重叠指数（O_{ik}）的计算公式：

$$O_{ik} = \sum n_{ij} n_{kj} \Big/ \sqrt{\sum n_{ij}^2 \sum n_{kj}^2} \tag{3-13}$$

式中，O_{ik}为物种i和物种k的生态位重叠指数；n_{ij}和n_{kj}为植物物种i和k在资源位j上的优势度（本研究用重要值代替）；j=1, 2, …, r，r为资源位总数。

3.3.6　多样性指数

植被多样性分析包括马格列夫丰富度指数（Margalef 丰富度指数）、辛普森多样性指数（Simpson 多样性指数）、香农-维纳多样性指数（Shannon-Wiener 多样性指数）和皮卢均匀度指数（Pielou 均匀度指数）。

（1）Margalef 丰富度指数

Margalef 丰富度指数（R）的计算公式（樊三龙等，2012）：

$$R = (S-1) / \ln N \tag{3-14}$$

式中，S为群落中总物种数；N为群落中所有物种个体总数。

（2）Simpson 多样性指数

Simpson 多样性指数（D）的计算公式（Liu et al.，2011）：

$$D = 1 - \sum_{i=1}^{s} P_i^2 \tag{3-15}$$

式中，P_i为物种i个体数占群落中所有种个体数的比例；S为群落中总物种数。

（3）Shannon-Wiener 多样性指数

Shannon-Wiener 多样性指数（H'）的计算公式（Liu et al.，2011）：

$$H' = -\sum_{i=1}^{s} P_i \ln P_i \tag{3-16}$$

式中，P_i为第 i 种个体数占群落中所有种个体数的比例；S 为群落中的总种数。

（4）Pielou 均匀度指数

Pielou 均匀度指数（Jh）的计算公式（Pielou，1966）：

$$\mathrm{Jh} = H' / H'_{\max} = H' / \ln S \tag{3-17}$$

式中，H'为实际观察的物种多样性指数；$H'_{\max}$为最大的物种多样性指数；S 为群落中的总物种数。

3.3.7 土壤理化性质测定方法

3.3.7.1 土壤机械组成

土壤机械组成采用比重计法，土样经研磨分散后成为单粒，分散后的土样用软水洗入 1000ml 的沉降筒中，制成 5%的悬浮液，让土粒自由沉降。利用特制搅拌棒上下均匀搅拌悬浮液，使悬浮液中土壤颗粒均匀分布，按规定时间测定甲种比重计读数，根据司笃克斯定律计算得出各级土粒含量。

3.3.7.2 土壤含水量

土壤含水量采用烘干法测量。首先，称量并记录烘干环刀质量，然后使用环刀取原状土，称量环刀及新鲜土壤质量。放入烘箱中，在 105℃下烘干 12～24 小时至恒重，称量环刀及烘干土壤质量。

土壤含水量（W，%）的计算公式：

$$W = \frac{m_1 - m_2}{m_2 - m} \times 100\% \tag{3-18}$$

式中，m 为烘干空环刀质量（kg）；m_1 为烘干前环刀及土样质量（kg）；m_2 为烘干后环刀及土样质量（kg）。

3.3.7.3 土壤化学性质

土壤养分分析测定方法（Zhang et al.，2012；Lee，2010；骆东奇等，2002；鲍士旦，2000）：土壤 pH 采用酸度计法测定；土壤有机质含量采用外加热重铬酸钾氧化-容量法测定；土壤全氮含量采用硫酸-高氯酸消煮—凯氏定氮法测定；土壤速效钾含量采用中性乙酸铵浸提—火焰光度计法测定；土壤有效磷含量采用氟化铵-盐酸浸提—钼锑抗比色法测定。

3.3.8 径流泥沙观测方法

观测房山区周口店镇废弃矿山、2 个生态示范园区自然降雨条件下 171 个生态防护边坡的产流产沙情况，示范区内安装 Vantage Pro2 型自动气象站（图 3-3），测量降雨量。径流小区底部安装径流筒收集径流和泥沙，每次降雨完成后立即进行各生态防护边坡水土流失指标的测定。用降雨后径流桶中的径流高度折算成一次降雨的径流量（mm），同时将径流筒中的径流和泥沙充分搅拌均匀后取样，待样品中径流与泥沙静置沉降完成后将泥沙过滤，并用烘干法测定泥沙量（张华等，2013；喻定芳等，2010）。

图 3-3　气象站（彩图请扫封底二维码）

3.3.9　数据处理

用 Excel 和 SPSS 18.0 软件进行数据整理与分析；统计分析采用方差分析（ANOVA）最小显著性差异（LSD）法来比较判断不同数据组间的差异；采用 Canoco 4.5 软件的 RDA 排序法对植物群落进行分类和排序；应用迈实层次分析统计软件确定评价指标权重。

4 公路边坡生态防护群落结构及其种间关联性

公路建设在很大程度上带动了北京市经济的迅猛发展，但同时也产生了许多不利影响，如破坏当地自然环境、引发边坡水土流失，长期以来公路建设活动带来的生态破坏严重制约着北京整体的可持续发展。开展公路边坡生态防护植物选择与配置研究已迫在眉睫。

为了开展典型生态防护边坡植物选择与配置研究，依托北京五环路、六环路、京开高速公路（辛立村收费站至市界段）、京承高速北京段一期、京承高速北京段三期现有边坡生态防护工程，通过植被和边坡立地条件调查，结合统计学与 RDA 进行数据处理。采用立地类型划分的方法（Wallenius et al.，2004），将 210 个样方划分为两大类，即山区和平原区。根据边坡生态防护措施与设计植被的不同，将山区公路边坡防护方案划分为 6 类（P_1～P_6，其中 P_1 和 P_2 为山区岩质边坡防护方案，P_3～P_6 为山区土质边坡防护方案），也将平原区公路边坡防护方案划分为 6 类（Q_1～Q_6），分析不同类型边坡的群落物种更替变化、种间关联变化、群落总体关联性及植被多样性，探讨环境因子对物种分布及多样性的影响，为生产建设项目损毁边坡生态防护措施的选择提供参考，促进北京地区生态防护边坡的植被恢复与重建。

4.1 生态防护措施类型的划分

根据边坡生态防护措施的不同，将调查的 70 个样地涉及的主要生态防护措施进行归纳总结，可概括为 6 类，分别是钢筋混凝土框格生态袋绿化措施（图 4-1）、挂网客土喷播绿化措施（图 4-2）、土工格栅内置生态袋绿化措施（图 4-3）、浆砌石框格客土绿化措施（图 4-4）、蹄形空心六棱砖绿化措施（图 4-5）和空心六棱砖绿化措施（图 4-6）。

公路周边地形地貌差别较大，在边坡稳定性、抗风化程度上均有较大差别，因此将其分为两类，分别为山区和平原区，具体分类如图 4-7 所示。挂网客土喷播、钢筋混凝土框格生态袋、土工格栅内置生态袋和浆砌石框格客土绿化措施多在山区使用，而蹄形空心六棱砖和空心六棱砖绿化措施多应用于平原区。山区挖方岩质边坡应考虑其坡度值、风化程度、坡高等，稳定的风化岩质边坡多选用挂网客土喷播绿化措施，高陡岩质边坡多选用钢筋混凝土框格生态袋绿化措施；而山区填方边坡应着重考虑坡度值、坡长等因子，普通低矮土质边坡常选用空心六棱砖绿化措施，而高陡土质边坡多选用浆砌石框格客土、土工格栅内置生态袋绿化措施。平原地区填方和挖方边坡均为土质，生态防护措施以蹄形空心六棱砖和空心六棱砖为主。高速公路不同路段植被恢复的目标不同，有的路段需要以快速实现植被短期复绿为目标，而有的路段有更突出的景观需求，因此设计植物物种的选择往往不同。经调查发现，空心六棱砖的植被配置存在 5 种不同的模式，分别为叉子圆柏、紫穗槐、五叶地锦的单独栽植，五叶地锦和紫穗槐混合栽植，以及叉子圆柏、马蔺和费菜混合栽植。

图 4-1　钢筋混凝土框格生态袋绿化措施（彩图请扫封底二维码）

图 4-2　挂网客土喷播绿化措施（彩图请扫封底二维码）

图 4-3　土工格栅内置生态袋绿化措施（彩图请扫封底二维码）

图 4-4　浆砌石框格客土绿化措施（彩图请扫封底二维码）

图 4-5　蹄形空心六棱砖绿化措施（彩图请扫封底二维码）

图 4-6　空心六棱砖绿化措施（彩图请扫封底二维码）

a. 栽植叉子圆柏；b. 栽植紫穗槐；c. 栽植五叶地锦和紫穗槐；d. 栽植五叶地锦

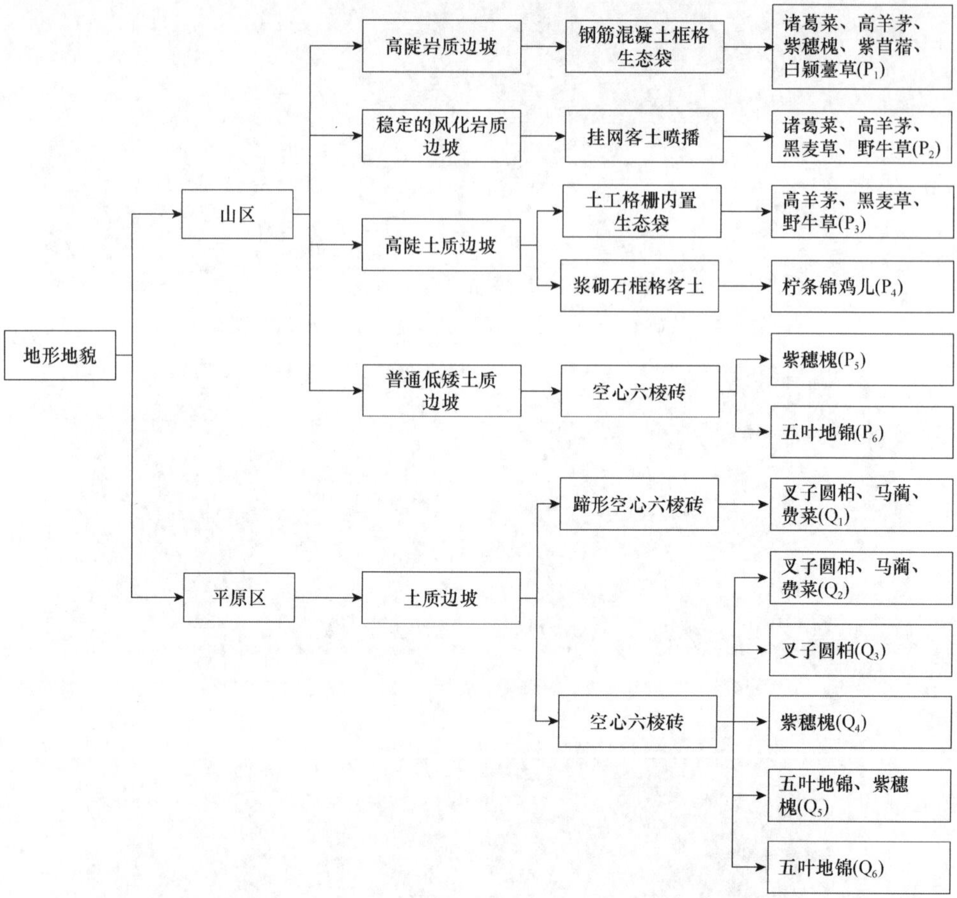

图 4-7　北京地区高速公路边坡主要生态防护措施分类

4.2　山区公路边坡生态防护植被恢复动态研究

4.2.1　边坡植物更替变化

表 4-1 为 2011 年和 2014 年山区公路生态防护边坡群落物种组成及其重要值变化。从表中可以看出，生态防护边坡的植被组成各自具有特点，两年调查结果显示重复出现的物种所占比例较小，说明山区公路建成后经过数年恢复，生态防护边坡的群落物种仍在不断更替变化，群落结构尚不稳定。P_2 和 P_3 防护方案的植物物种选择效果不理想，设计植物物种在多年植被恢复过程中，被其他优势种所替代，而 P_4、P_5、P_6 防护方案的植物物种选择效果较好，在样地中占据较大优势，入侵植物物种的重要值通常较小。

表 4-1 2011 年和 2014 年山区公路生态防护边坡群落物种组成及其重要值

生态防护措施	植物物种	重要值	
		2011 年	2014 年
钢筋混凝土框格生态袋	狗尾草 *Setaria viridis*	136.21	34.82
	马唐 *Digitaria sanguinalis*	73.95	—
	紫穗槐 *Amorpha fruticosa*	72.62	34.25
	紫苜蓿 *Medicago sativa*	41.66	32.42
	黄花蒿 *Artemisia annua*	25.49	29.35
	白颖薹草 *Carex duriuscula* subsp. *rigescens*	35.35	59.58
	斜茎黄芪 *Astragalus laxmannii*	—	44.24
	截叶铁扫帚 *Lespedeza cuneata*	—	33.87
	圆叶牵牛 *Ipomoea purpurea*	—	33.21
	火炬树 *Rhus typhina*	—	29.93
	葎草 *Humulus scandens*	—	28.88
	栓皮栎 *Quercus variabilis*	—	26.14
	胡枝子 *Lespedeza bicolor*	—	26.08
	鬼针草 *Bidens pilosa*	—	23.56
	五叶地锦 *Parthenocissus quinquefolia*	—	22.44
	猪毛蒿 *Artemisia scoparia*	—	22.38
	杠柳 *Periploca sepium*	—	20.92
挂网客土喷播	茜草 *Rubia cordifolia*	21.45	—
	野苜蓿 *Medicago falcata*	30.63	—
	牵牛 *Ipomoea nil*	31.00	—
	艾 *Artemisia argyi*	31.25	34.32
	紫花地丁 *Viola philippica*	33.63	—
	苍耳 *Xanthium sibiricum*	38.68	—
	臭椿 *Ailanthus altissima*	40.92	26.00
	紫穗槐 *Amorpha fruticosa*	43.86	32.90
	紫苜蓿 *Medicago sativa*	45.46	38.65
	鬼针草 *Bidens pilosa*	52.20	26.32
	胡枝子 *Lespedeza bicolor*	52.79	50.76
	马唐 *Digitaria sanguinalis*	53.17	—
	刺槐 *Robinia pseudoacacia*	58.19	44.14
	狗尾草 *Setaria viridis*	78.97	51.30
	风毛菊 *Saussurea japonica*	125.58	—
	早熟禾 *Poa annua*	—	20.16

续表

生态防护措施	植物物种	重要值	
		2011 年	2014 年
挂网客土喷播	榆树 *Ulmus pumila*	—	20.96
	五叶地锦 *Parthenocissus quinquefolia*	—	21.76
	酸枣 *Ziziphus jujuba* var. *spinosa*	—	22.38
	圆叶牵牛 *Ipomoea purpurea*	—	24.07
	荆条 *Vitex negundo* var. *heterophylla*	—	24.65
	小花鬼针草 *Bidens parviflora*	—	26.18
	斜茎黄芪 *Astragalus laxmannii*	—	31.55
土工格栅内置生态袋	紫穗槐 *Amorpha fruticosa*	140.68	92.05
	狗尾草 *Setaria viridis*	87.61	70.26
	马唐 *Digitaria sanguinalis*	82.01	24.55
	紫苜蓿 *Medicago sativa*	80.52	34.57
	南牡蒿 *Artemisia eriopoda*	43.94	28.42
	蒙古蒿 *Artemisia mongolica*	38.90	—
	猪毛蒿 *Artemisia scoparia*	38.23	20.79
	黄花蒿 *Artemisia annua*	29.41	32.70
	蒲公英 *Taraxacum mongolicum*	28.38	—
	牵牛 *Ipomoea nil*	26.04	—
	茜草 *Rubia cordifolia*	20.41	—
	葎草 *Humulus scandens*	—	20.02
	胡桃 *Juglans regia*	—	20.08
	胡枝子 *Lespedeza bicolor*	—	26.22
	鬼针草 *Bidens pilosa*	—	30.89
	山莴苣 *Lagedium sibiricum*	—	35.65
	杠柳 *Periploca sepium*	—	44.38
	丛生隐子草 *Cleistogenes caespitosa*	—	49.85
浆砌石框格客土	狗尾草 *Setaria viridis*	135.05	55.47
	柠条锦鸡儿 *Caragana korshinskii*	62.62	64.76
	马唐 *Digitaria sanguinalis*	57.45	—
	猪毛蒿 *Artemisia scoparia*	50.91	51.24
	向日葵 *Helianthus annuus*	40.27	—
	白颖薹草 *Carex duriuscula* subsp. *rigescens*	35.35	46.91
	野苜蓿 *Medicago falcata*	31.16	—
	茜草 *Rubia cordifolia*	28.92	—

续表

生态防护措施	植物物种	重要值	
		2011 年	2014 年
浆砌石框格客土	紫苜蓿 *Medicago sativa*	28.11	—
	鬼针草 *Bidens pilosa*	26.19	—
	南牡蒿 *Artemisia eriopoda*	—	54.67
	艾 *Artemisia argyi*	—	47.97
	柿 *Diospyros kaki*	—	45.28
	蒙古黄芪 *Astragalus mongholicus*	—	40.71
	刺槐 *Robinia pseudoacacia*	—	40.27
	杠柳 *Periploca sepium*	—	30.50
	益母草 *Leonurus artemisia*	—	27.22
	黄花蒿 *Artemisia annua*	—	23.30
	萝藦 *Metaplexis japonica*	—	22.91
	山莴苣 *Lagedium sibiricum*	—	22.85
	火炬树 *Rhus typhina*	—	21.70
空心六棱砖	紫穗槐 *Amorpha fruticosa*	121.91	90.83
	山莴苣 *Lagedium sibiricum*	24.75	—
	益母草 *Leonurus artemisia*	30.63	—
	黄栌 *Cotinus coggygria*	36.04	31.04
	牵牛 *Ipomoea nil*	38.13	39.16
	牛尾蒿 *Artemisia dubia*	42.36	—
	狗尾草 *Setaria viridis*	58.19	71.67
	黄花蒿 *Artemisia annua*	56.02	32.96
	地肤 *Kochia scoparia*	62.04	24.18
	马唐 *Digitaria sanguinalis*	31.63	—
	火炬树 *Rhus typhina*	—	25.81
	茜草 *Rubia cordifolia*	—	28.12
	紫花地丁 *Viola philippica*	—	32.36
	葎草 *Humulus scandens*	—	34.00
空心六棱砖	五叶地锦 *Parthenocissus quinquefolia*	31.63	30.13
	灰绿藜 *Chenopodium glaucum*	21.99	—
	堇菜 *Viola verecunda*	30.63	—
	风毛菊 *Saussurea japonica*	24.22	—
	丛生隐子草 *Cleistogenes caespitosa*	38.37	—
	蒲公英 *Taraxacum mongolicum*	51.31	—

续表

生态防护措施	植物物种	重要值	
		2011 年	2014 年
空心六棱砖	狗尾草 *Setaria viridis*	99.38	83.11
	鬼针草 *Bidens pilosa*	—	22.90
	猪毛蒿 *Artemisia scoparia*	—	23.79
	抱茎苦荬菜 *Crepidiastrum sonchifolium*	—	31.21
	鹅观草 *Roegneria kamoji*	—	34.67

注："—"代表当年没有调查到数据

P_1 防护方案为在高陡岩质边坡采用钢筋混凝土框格生态袋绿化措施，设计植物物种为诸葛菜、高羊茅、紫穗槐、紫苜蓿、白颖薹草等，多在山区岩质边坡使用。2011 年入侵植物较少，2014 年设计植物物种诸葛菜和高羊茅消失，大量入侵植物出现，入侵植物物种以菊科、豆科和禾本科植物为主。2011 年和 2014 年重复出现的植物仅 5 种，分别是狗尾草、紫穗槐、紫苜蓿、黄花蒿和白颖薹草，其中狗尾草和黄花蒿为入侵植物物种，紫穗槐、紫苜蓿和白颖薹草为边坡设计植物物种。紫穗槐的重要值略有下降，2011 年较大，为 72.62，2014 年减少至 34.25。紫苜蓿的重要值在 2011 年和 2014 年均较大，分别为 41.66 和 32.42。白颖薹草的重要值由 2011 年的 35.35 增加至 2014 年的 59.58。

P_2 防护方案为在岩质边坡采用挂网客土喷播绿化措施，设计植物物种为诸葛菜、高羊茅、黑麦草和野牛草等，位于京承高速北京段三期，植被建植于 2009 年。与 P_1 防护方案边坡的植被变化过程相似，经过 3 年的恢复时间，设计物种诸葛菜、高羊茅、野牛草及黑麦草均消失，取而代之的是臭椿、紫穗槐、鬼针草等入侵植物物种，继续恢复 4 年后，植物数量达到 16 种。对比分析 2011 年和 2014 年植物的重要值可知，2011 年边坡群落中存在的 7 种植物在 2014 年消失，如茜草、野苜蓿、紫花地丁等，另有 7 种植物虽然没有消失，但重要值均有不同程度的降低，如臭椿、紫穗槐、紫苜蓿等，除此之外，还有 8 种新植物出现，包括早熟禾、榆树、五叶地锦、酸枣、圆叶牵牛、荆条、小花鬼针草、斜茎黄芪，灌木和适应性强的草本植物逐渐在此类生态防护边坡占据优势。

P_3 防护方案为在土质边坡采用土工格栅内置生态袋绿化措施，设计植物物种主要有高羊茅、黑麦草及野牛草等，多在山区土质边坡使用，位于京承高速北京段三期，植被建植于 2009 年。经过 2011～2014 年 3 年左右的恢复时间，设计植物物种全部消失，取而代之的是紫穗槐、狗尾草、紫苜蓿等常见植物。对比 2011 年和 2014 年优势种的重要值可知，紫穗槐、狗尾草、马唐、紫苜蓿、南牡蒿、猪毛蒿等重要值均在减小，仅有黄花蒿的重要值略有增加；同时蒙古蒿、蒲公英、牵牛、茜草等植物消失，出现了葎草、胡桃、胡枝子、鬼针草、山莴苣、杠柳、丛生隐子草等新物种，表明2011年到2014年期间，P_3防护方案边坡的植物群落尚未达到稳定阶段，植被更新频繁。

P_4防护方案为在土质边坡采用浆砌石框格客土绿化措施，设计植物物种为柠条锦鸡儿，多在山区土质边坡使用。2011年和2014年均有大量入侵植物出现，2011年入侵植物9种，2014年入侵植物11种，入侵植物物种以菊科和豆科植物为主。2011年和2014年重复出现的植物仅为4种，分别是狗尾草、柠条锦鸡儿、猪毛蒿和白颖薹草，除狗尾草外，其余3种植物的重要值均有不同程度的增加，并在样地中占据一定的优势地位。两年统计结果显示，设计植物物种柠条锦鸡儿的重要值均较大，分别为62.62和64.76，不易被入侵植物替代。

P_5防护方案为在土质边坡采用空心六棱砖绿化措施，栽植单一植物物种紫穗槐，多在山区土质边坡使用。对比2011年和2014年植物物种的重要值数据可知，设计植物物种紫穗槐的生长状况较好，尽管入侵植物有十几种之多，紫穗槐的重要值仍保持在较高水平，分别为121.91和90.83。两年调查结果还显示，黄栌和牵牛的重要值变动不大，说明这两种植物为此类生态防护边坡的稳定植物物种。先锋物种如山莴苣、益母草、牛尾蒿、马唐等植物逐渐消失，火炬树、茜草、紫花地丁、葎草等新入侵植物出现，但重要值尚处于较低水平，说明样地的群落结构缓慢更替进行，群落结构尚不稳定。

P_6防护方案为在土质边坡采用空心六棱砖绿化措施，栽植单一植物物种五叶地锦，多在山区土质边坡使用。原生植被五叶地锦的重要值在2011年至2014年期间变化很小，在30和32之间浮动，与之变化相似的植物物种还有狗尾草，重要值的浮动范围为83～100，说明五叶地锦与狗尾草在样地中长期共存，且狗尾草的优势程度好于五叶地锦。2011年的入侵植物物种为灰绿藜、堇菜、风毛菊、丛生隐子草、蒲公英和狗尾草，除狗尾草外，其余植物物种均在2014年消失。2014年又有新的植物物种入侵到样地中，如鬼针草、猪毛蒿、抱茎苦荬菜、鹅观草等。

4.2.2 优势种的种间关联性

根据2011年和2014年群落物种变化的研究结果，选出每种生态防护措施下连续两次调查均出现的植物进行种间关联分析，如图4-8所示。通过优势种种间关联性分析，可更好地理解群落物种种间关系的本质及其在生态习性与分布格局上的异同，有助于判断不同恢复阶段各种群在资源利用中的优势地位（李丹雄等，2014；Clair et al.，2013；García-Cervigón et al.，2013；闫海冰等，2010；何友均等，2008；Ricotta and Anand，2006；Nathan，2006；Dale and Blundon，1991；

Hurlbert，1969）。利用 χ^2 检验分析了 81 个种对在 2011 年和 2014 年的种间关联性，结果显示，2011 年负联结种对数（60）远高于正联结种对数（21），正负联结比值仅为 0.35；2014 年负联结种对数（54）亦远高于正联结种对数（27），正负联结比值为 0.5，主要由于公路边坡的养分资源有限，特别是北京地区空气湿度小、水分蒸发较大，植物对土壤养分、水分资源的要求较高，导致种对间存在利用性竞争，种对的联结性往往呈现负相关。两年中 8 对植物物种间关联呈显著关系，占所有种对的 9.88%，1 对植物物种间关联极显著，仅占所有种对的 1.23%。根据 2011 年和 2014 年山区公路种对间的关联性动态变化，可将种对划分为 3 类：第 1 类为种间关联性逐渐加强，如紫苜蓿与狗尾草（P_2 防护方案）、南牡蒿与黄花蒿（P_3 防护方案）；第 2 类为种间关联性逐渐下降，如紫苜蓿与黄花蒿（P_3 防护方案）；第 3 类为种间关联性由正变负或由负变正，如艾与紫穗槐（P_2 防护方案）、紫苜蓿与鬼针草（P_2 防护方案）。

随着植被恢复时间的增加，种对间的依赖性与排斥性在不同时间年限呈现出不同的变化趋势（房飞等，2012；奇凯等，2010）。P_1 防护方案白颖薹草与紫穗槐、白颖薹草与狗尾草的相关关系均为不显著负相关，说明它们对环境资源的需求不同；紫穗槐与狗尾草、紫穗槐与黄花蒿、白颖薹草与紫苜蓿、黄花蒿与紫苜蓿的种间关联性由负相关变为正相关，说明种对间的相互关系由资源竞争转变

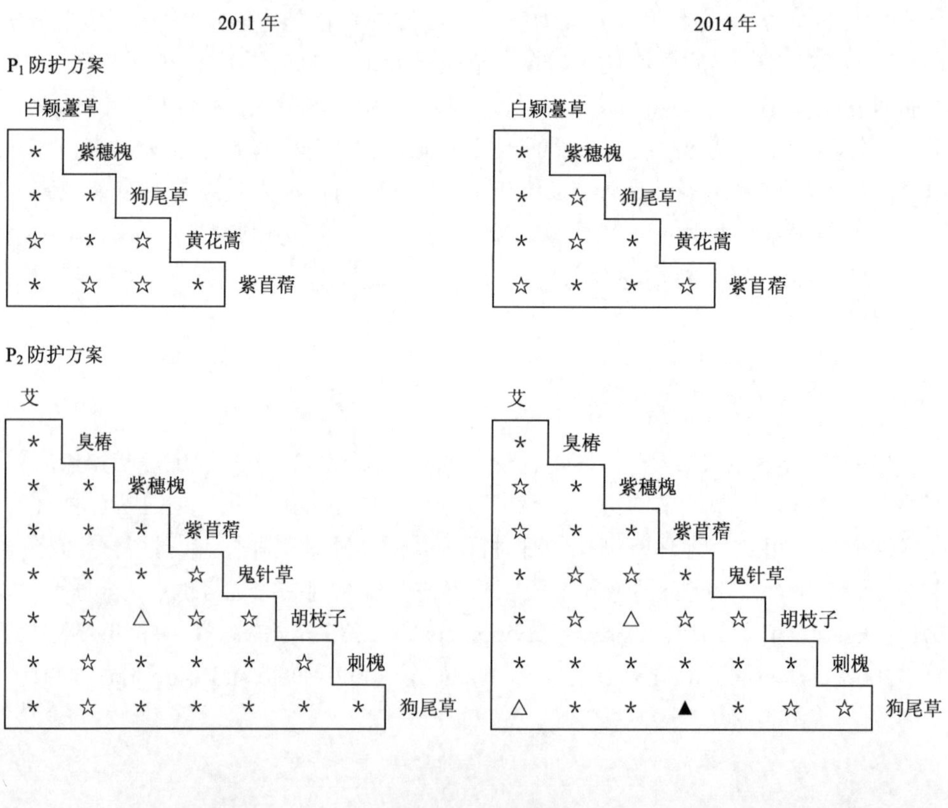

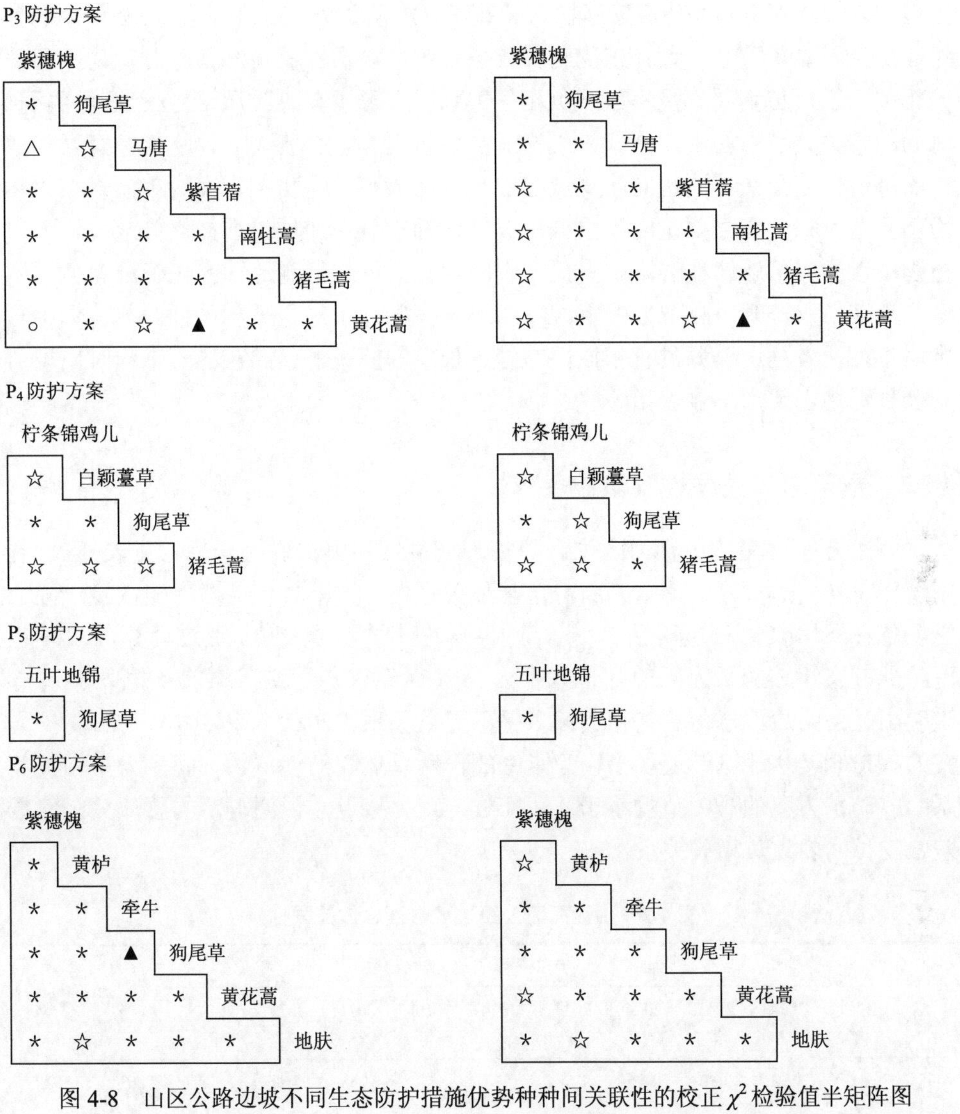

图 4-8 山区公路边坡不同生态防护措施优势种种间关联性的校正 χ^2 检验值半矩阵图

☆：不显著正相关（$P\geqslant0.05$）；*：不显著负相关（$P\geqslant0.05$）；▲：显著正相关（$0.01\leqslant P<0.05$）；△：显著负相关（$0.01\leqslant P<0.05$）；○：极显著负相关（$P<0.01$）

为协同进化。P_2防护方案各种对的相关性变化较大，设计物种消失殆尽，呈显著相关的种对均为先锋植物，如紫穗槐与胡枝子、紫苜蓿与狗尾草，两年调查结果均显示紫穗槐与胡枝子呈显著负相关关系，说明它们所需的资源和生境条件不同，两者呈排斥性关系。P_3防护方案在 2011 年和 2014 年呈显著正相关的种对分别是紫苜蓿与黄花蒿、南牡蒿与黄花蒿，说明它们对生境的要求相似，而呈显著/极显著负相关的种对对生态环境的要求差异较大，两者排斥性较大不宜生活在相似的生境中，如紫穗槐与马唐、紫穗槐与黄花蒿。P_4防护方案未出现显著/极显著的种对，均呈不显著关系，设计植物物种柠条锦鸡儿与白颖薹草和猪毛蒿均为不显著正相关关系，与狗尾草呈不显著负相关关系；白颖薹草、狗尾草与猪毛蒿两两种对间的相关关系不稳定，说明 P_4防护方案种间竞争较为激烈，植物物种有互相取代的可能，亦会在长期协同演变过程中，相互依存。P_5防护方案两年调查结果均为不显著负相关，主要是因为建群种五叶地锦一直在边坡中占据优势地位，入侵植物中仅狗尾草能够在群落中占据一定的优势，但与五叶地锦存在资源竞争，两者此消彼长，资源争夺现象严重。P_6防护方案仅存 1 对显著相关种对，为牵牛与狗尾草，两者利用资源具有相似性，经过长期的演替，已经在群落中同时出现；其余种对均表现出不显著相关性。

4.2.3　群落总体关联性及植被多样性

利用方差比率法进行山区生态防护边坡群落总体关联性分析，见表 4-2。利用统计量 W 值与 χ^2 的比值判断群落总体关联性，群落总体关联性随恢复年限、生境条件发生改变，若 W 值$>\chi^2_{0.05}$，则群落总体呈显著关联。通过计算，2011 年 P_3防护方案和 P_4防护方案的 W 值大于 $\chi^2_{0.05}$，2014 年仅 P_3防护方案的 W 值大于 $\chi^2_{0.05}$，说明山区公路边坡群落总体相关性多呈不显著关系。2011 年和 2014 年 P_3防护方案的 VR 值均大于 1，表现出较为紧密的群落总体联结性，物种间多为正相关关系；P_2防护方案的 VR 值均小于 1，且与 1 最为接近，说明群落的总体关联性最差，物种间多为负相关关系。

表 4-2　山区高速公路边坡群落总体关联性

防护方案	σ_T^2		S_T^2		VR 值		物种数		W 值		$\chi^2_{0.95}$	$\chi^2_{0.05}$
	2011 年	2014 年	2011 年	2014 年	2011 年	2014 年	2011 年	2014 年	2011 年	2014 年		
P_1	1.76	3.92	2.80	0.56	1.59	0.14	11	25	23.86	3.57	7.26	25.00
P_2	3.22	4.88	2.76	4.81	0.86	0.99	21	32	25.71	31.54	18.49	43.77
P_3	3.36	4.00	6.4	6.16	1.90	1.54	19	24	28.57	36.96	7.26	25.00
P_4	2.88	4.56	6.64	4.16	2.31	0.91	16	27	34.58	24.63	7.26	25.00
P_5	2.67	2.89	3.33	0.22	1.25	0.08	16	15	11.22	1.14	3.33	16.92
P_6	3.25	3.50	2.25	0.00	0.69	0.00	15	21	4.15	0.00	1.64	12.59

注：σ_T^2 为所有物种出现频度的方差；S_T^2 为所有样地物种数的方差；VR 为群落总体关联性；W 为土壤含水量，W 值的单位为%，在结果分析中仅考虑百分数中的数值；表 4-5 和表 5-3 同

山区高速公路 P_1～P_6 防护方案的植被多样性比较结果见表 4-3。随着植被恢复时间的增加，Margalef 丰富度指数、Simpson 多样性指数、Shannon-Wiener 多

样性指数和 Pielou 均匀度指数表现出数值逐渐增加的规律，处于重建生态系统初期群落快速发展阶段。Simpson 多样性指数和 Pielou 均匀度指数的变化幅度较小，分别在 0.50～0.76 和 0.55～0.77 范围浮动。2011 年 Margalef 丰富度指数、Simpson 多样性指数、Shannon-Wiener 多样性指数和 Pielou 均匀度指数 4 个指标的差异性均不显著，随着恢复时间的增加，入侵植物的增加，2014 年 Margalef 丰富度指数和 Pielou 均匀度指数出现了一定的差异。

表 4-3 山区高速公路边坡不同生态防护措施的植被多样性比较

防护方案	Margalef 丰富度指数		Simpson 多样性指数		Shannon-Wiener 多样性指数		Pielou 均匀度指数	
	2011 年	2014 年	2011 年	2014 年	2011 年	2014 年	2011 年	2014 年
P_1	0.90±0.23a	1.94±0.19ab	0.54±0.06a	0.76±0.04a	1.02±0.17a	1.82±0.11a	0.66±0.10a	0.75±0.04a
P_2	1.19±0.12a	1.82±0.13ab	0.63±0.04a	0.75±0.04a	1.26±0.12a	1.76±0.10a	0.70±0.05a	0.77±0.05b
P_3	1.14±0.25a	1.43±0.24a	0.58±0.05a	0.67±0.09a	1.12±0.18a	1.47±0.22a	0.67±0.07a	0.72±0.08a
P_4	0.92±0.20a	1.56±0.05a	0.50±0.05a	0.70±0.03a	0.95±0.12a	1.55±0.08a	0.64±0.06a	0.70±0.04a
P_5	1.34±0.39a	1.38±0.09a	0.63±0.08a	0.70±0.06a	1.31±0.21a	1.50±0.15a	0.74±0.04a	0.74±0.07a
P_6	1.49±0.25a	2.44±0.20b	0.66±0.01a	0.59±0.12a	1.37±0.03a	1.45±0.31a	0.65±0.04a	0.55±0.12a

注：表中数值为平均值±标准差；同列不含相同小写字母表示不同防护方案间存在显著差异（$P<0.05$）

4.3 平原公路边坡生态防护植被恢复动态研究

4.3.1 边坡植物更替变化

表 4-4 为 2011 年和 2014 年平原高速公路边坡不同生态防护措施的群落物种组成及其重要值。从表中可以看出，2011 年和 2014 年平原高速生态防护边坡的植被组成差异性也较大，但由于平原公路多采用植物栽植的方法，因此建群种的优势度明显。蹄形空心六棱砖（叉子圆柏、马蔺和费菜）、空心六棱砖（叉子圆柏、马蔺和费菜）、空心六棱砖（叉子圆柏）绿化措施的边坡入侵植物物种较少，边坡植被以设计植物物种为主，空心六棱砖（紫穗槐）、空心六棱砖（五叶地锦和紫穗槐）、空心六棱砖（五叶地锦）绿化措施边坡的入侵植物物种较多，尤其当样地中出现紫穗槐和火炬树幼苗时，边坡植被丰富度增加。

表 4-4　2011 年和 2014 年平原公路边坡生态防护群落物种组成及重要值变化

生态防护措施	植物物种	重要值	
		2011 年	2014 年
蹄形空心六棱砖（叉子圆柏、马蔺和费菜）	叉子圆柏 *Juniperus sabina*	31.63	52.16
	马蔺 *Iris lactea*	113.50	65.33
	费菜 *Phedimus aizoon*	117.03	105.24
	稗 *Echinochloa crus-galli*	24.82	—
	牛筋草 *Eleusine indica*	30.63	—
	马齿苋 *Portulaca oleracea*	35.57	—
	狗尾草 *Setaria viridis*	40.34	104.10
	马唐 *Digitaria sanguinalis*	40.81	—
空心六棱砖（叉子圆柏、马蔺和费菜）	叉子圆柏 *Juniperus sabina*	34.07	55.32
	马蔺 *Iris lactea*	87.59	73.20
	费菜 *Phedimus aizoon*	31.63	91.50
	反枝苋 *Amaranthus retroflexus*	20.60	—
	稗 *Echinochloa crus-galli*	30.63	—
	虎尾草 *Chloris virgata*	22.21	—
	马齿苋 *Portulaca oleracea*	23.70	—
	牛筋草 *Eleusine indica*	31.63	—
	狗尾草 *Setaria viridis*	40.66	107.05
	马唐 *Digitaria sanguinalis*	60.84	—
空心六棱砖（叉子圆柏）	叉子圆柏 *Juniperus sabina*	115.28	133.55
	火炬树 *Rhus typhina*	20.02	—
	牵牛 *Ipomoea nil*	25.70	—
	榆树 *Ulmus pumila*	31.63	20.67
	马唐 *Digitaria sanguinalis*	107.28	—
	狗尾草 *Setaria viridis*	117.35	81.19
	苣荬菜 *Sonchus wightianus*	—	20.75
	萝藦 *Metaplexis japonica*	—	22.00
	田旋花 *Convolvulus arvensis*	—	23.97
	灰绿藜 *Chenopodium glaucum*	—	27.73
	猪毛蒿 *Artemisia scoparia*	—	28.37
	刺儿菜 *Cirsium setosum*	—	41.47
空心六棱砖（紫穗槐）	紫穗槐 *Amorpha fruticosa*	128.28	109.56
	牵牛 *Ipomoea nil*	21.52	—
	圆叶牵牛 *Ipomoea purpurea*	31.63	22.91
	葎草 *Humulus scandens*	34.21	22.35

续表

生态防护措施	植物物种	重要值	
		2011 年	2014 年
空心六棱砖（紫穗槐）	龙葵 *Solanum nigrum*	34.67	—
	黄芩 *Scutellaria baicalensis*	38.97	—
	桑 *Morus alba*	39.31	—
	火炬树 *Rhus typhina*	32.63	35.62
	猪毛菜 *Salsola collina*	54.10	32.26
	狗尾草 *Setaria viridis*	64.68	45.24
	灰绿藜 *Chenopodium glaucum*	—	31.79
	构树 *Broussonetia papyrifera*	—	23.93
	地肤 *Kochia scoparia*	—	26.90
	鬼针草 *Bidens pilosa*	—	32.25
	榆树 *Ulmus pumila*	—	34.23
	萝藦 *Metaplexis japonica*	—	36.82
空心六棱砖（五叶地锦和紫穗槐）	紫穗槐 *Amorpha fruticosa*	44.98	59.67
	五叶地锦 *Parthenocissus quinquefolia*	98.34	64.19
	山莴苣 *Lagedium sibiricum*	23.62	—
	榆树 *Ulmus pumila*	25.09	—
	紫苜蓿 *Medicago sativa*	27.22	—
	茵陈蒿 *Artemisia capillaris*	28.16	—
	狗尾草 *Setaria viridis*	35.96	56.59
	苣荬菜 *Sonchus wightianus*	44.96	—
	马唐 *Digitaria sanguinalis*	63.11	—
	虎尾草 *Chloris virgata*	67.42	—
	火炬树 *Rhus typhina*	67.82	57.10
	葎草 *Humulus scandens*	—	20.89
	大油芒 *Spodiopogon sibiricus*	—	24.62
	牵牛 *Ipomoea nil*	—	26.65
	黄花蒿 *Artemisia annua*	—	43.54
	风毛菊 *Saussurea japonica*	—	150.51
空心六棱砖（五叶地锦）	五叶地锦 *Parthenocissus quinquefolia*	142.32	124.39
	火炬树 *Rhus typhina*	20.58	40.17
	益母草 *Leonurus artemisia*	21.81	—
	紫穗槐 *Amorpha fruticosa*	22.77	70.38
	圆叶牵牛 *Ipomoea purpurea*	23.88	27.18
	苦荬菜 *Ixeris polycephala*	24.05	—

续表

生态防护措施	植物物种	重要值	
		2011 年	2014 年
空心六棱砖（五叶地锦）	鬼针草 *Bidens pilosa*	25.38	41.14
	小蓬草 *Erigeron canadensis*	26.97	—
	马齿苋 *Portulaca oleracea*	27.21	—
	牛尾蒿 *Artemisia dubia*	27.83	—
	榆树 *Ulmus pumila*	28.49	21.10
	山莴苣 *Lagedium sibiricum*	29.91	—
	抱茎苦荬菜 *Crepidiastrum sonchifolium*	39.29	21.98
	稗 *Echinochloa crus-galli*	40.95	—
	狗尾草 *Setaria viridis*	80.58	82.20
	马唐 *Digitaria sanguinalis*	87.56	—
	葎草 *Humulus scandens*	103.17	31.75
	萝藦 *Metaplexis japonica*	107.62	30.31
	大麻 *Cannabis sativa*	—	99.07
	木贼麻黄 *Ephedra equisetina*	—	50.27
	艾 *Artemisia argyi*	—	49.70
	苣荬菜 *Sonchus wightianus*	—	46.77
	牵牛 *Ipomoea nil*	—	35.57
	黄栌 *Cotinus coggygria*	—	28.66
	灰绿藜 *Chenopodium glaucum*	—	24.91
	丛生隐子草 *Cleistogenes caespitosa*	—	23.28
	猪毛蒿 *Artemisia scoparia*	—	23.29
	鹅观草 *Roegneria kamoji*	—	25.44
	刺儿菜 *Cirsium setosum*	—	26.25

注："—"代表当年没有调查到数据

Q_1 防护方案为土质边坡采用蹄形空心六棱砖绿化措施，栽植植被有叉子圆柏、马蔺和费菜，位于京开高速公路（辛立村收费站至市界段），植被栽植于 2010 年。在 2011 年和 2014 年的调查中设计植物占据较大优势，费菜的重要值均为最大值，分别为 117.03 和 105.24；马蔺在 2011 年重要值为 113.50，而 2014 年减小到 65.33；叉子圆柏 2011 年的重要值为 31.63，经过 3 年增加到 52.16。两年调查中重复出现的植物共 4 种，分别为叉子圆柏、马蔺、费菜和狗尾草。2011 年入侵植物物种有稗（*Echinochloa crus-galli*）、牛筋草（*Eleusine indica*）、马齿苋（*Portulaca oleracea*）、狗尾草和马唐，以禾本科植物为主，2014 年稗、牛筋草、马齿苋和马唐消失，无新入侵植物物种。

Q_2防护方案为土质边坡采用空心六棱砖绿化措施，栽植植被为叉子圆柏、马蔺和费菜，位于京开高速公路（辛立村收费站至市界段），植被栽植于2010年。Q_2防护方案的植被演变情况与Q_1防护方案相似，表现为优势种仍占据较大优势，叉子圆柏和费菜在2011年的重要值较小，分别为34.07和31.63，经过3年的植被恢复，入侵植物物种减少，2014年叉子圆柏和费菜的重要值均有所增加，分别增加到55.32和91.50；2011年马蔺的重要值为87.59，高于2014年的73.20。2011年入侵的大量草本植物有反枝苋（*Amaranthus retroflexus*）、稗、虎尾草（*Chloris virgata*）、马齿苋、牛筋草、狗尾草和马唐等，以禾本科植物为主，3年后入侵植物物种多数消失，2014年无新入侵植物出现。

Q_3防护方案为土质边坡采用空心六棱砖绿化措施，栽植单一植物叉子圆柏，位于西六环。原始设计植物物种叉子圆柏占据较大优势，2011年重要值为115.28，2014年其重要值增加到133.55。2011年和2014年均出现大量入侵植物，2011年入侵植物5种，多为禾本科植物，2014年新增入侵植物6种，以菊科植物为主，说明随着恢复时间的增加，生境条件改善，存活植物数量不断增加。2011年调查发现植物6种，分别为叉子圆柏、火炬树、牵牛、榆树、马唐和狗尾草，2014年植物数量达到9种，苣荬菜（*Sonchus wightianus*）、萝藦、田旋花、灰绿藜、猪毛蒿和刺儿菜（*Cirsium setosum*）等新入侵植物出现在样地中。

Q_4防护方案为土质边坡采用空心六棱砖绿化措施，栽植单一植物紫穗槐。2011年和2014年均出现大量新入侵植物物种，分别为9种和6种，随着生境条件的不断改善，到2014年植物物种数量达到12种，随着灰绿藜、构树（*Broussonetia papyrifera*）、地肤、鬼针草、榆树和萝藦的出现，极大地丰富了边坡的物种多样性。设计植物紫穗槐在2011年和2014年都具有较大的重要值，分别为128.28和109.56。两年均出现的共生物种为紫穗槐、圆叶牵牛、葎草、火炬树、猪毛菜（*Salsola collina*）和狗尾草。

Q_5防护方案为土质边坡采用空心六棱砖绿化措施，栽植五叶地锦和紫穗槐。边坡植被经过几年的生长恢复后，紫穗槐的重要值由44.98增加到59.67，而五叶地锦则由98.34降低到64.19，从整个群落来看，两者均在整个群落中占据较大优势。2011年和2014年均出现的入侵植物物种为狗尾草和火炬树，且重要值处于较高水平，可见紫穗槐、五叶地锦、狗尾草和火炬树为生态防护边坡的共优种。山莴苣、榆树、紫苜蓿、茵陈蒿（*Artemisia capillaris*）、苣荬菜、马唐、虎尾草为2011年新入侵的植物，以菊科为主，但在2014年全部消失，为样地随遇种。2014年同样出现大量新入侵植物，如葎草、大油芒（*Spodiopogon sibiricus*）、牵牛、黄花蒿、风毛菊等。

Q_6防护方案为土质边坡采用空心六棱砖绿化措施，栽植单一植物五叶地锦，多应用于北京五环路、六环路。从两年的调查结果可以看出，五叶地锦的重要值最大，2011 年为 142.32，2014 年为 124.39。葎草和萝藦在 2011 年的重要值也较高，但在 2014 年两者的重要值大幅下降，分别由 103.17 和 107.62 下降至 31.75 和 30.31，即葎草和萝藦的优势地位逐渐下降。而火炬树、紫穗槐、鬼针草等植物的重要值均呈上升趋势，表明其优势地位逐渐上升。2011 年入侵植物 17 种，2014 年新入侵植物 11 种，截至 2014 年样地内共存植物为 21 种，以菊科植物居多。

4.3.2 优势种的种间关联性

本节利用 Yates 连续性正交（王伯荪和彭少麟，1985）计算平原生态防护边坡 81 个种对的种间关联性。从图 4-9 可知，2011 年正联结种对有 24 对，占总数的 29.6%，其中有 2 对呈极显著正联结，5 对呈显著正联结，17 对呈不显著正相关。负联结种对有 57 对，占总数的 70.4%，正负联结比值为 0.40，负联结种对数远高于正联结种对数，其中有 4 对呈极显著负联结，12 对呈显著负联结，41 对呈不显著负联结。2014 年 81 个种对中有 24 对正联结，57 对负联结，正负联结比为 0.42。24 对正联结中有 1 对极显著正联结，23 对不显著正联结；57 对负联结中有 1 对极显著负联结，1 对显著负联结，55 对不显著负联结。两年的种间联结分析可知，不显著正（负）联结占多数，显著和极显著的占少数，且从 2011 年到 2014 年，不显著正（负）联结种对数呈增加趋势，显著和极显著的种对数呈减少趋势。根据 2011 年和 2014 年平原高速公路种对间的关联性动态变化，亦可将种对划分为 3 类：第 1 类为种间关联性逐渐加强，如榆树与抱茎苦荬菜（Q_6 防护方案）；第 2 类为种间关联性逐渐下降，如五叶地锦与圆叶牵牛（Q_6 防护方案）；第 3 类为种间关联性由正变负或由负变正，如费菜与狗尾草（Q_2 防护方案）、叉子圆柏与马蔺（Q_1 防护方案）。

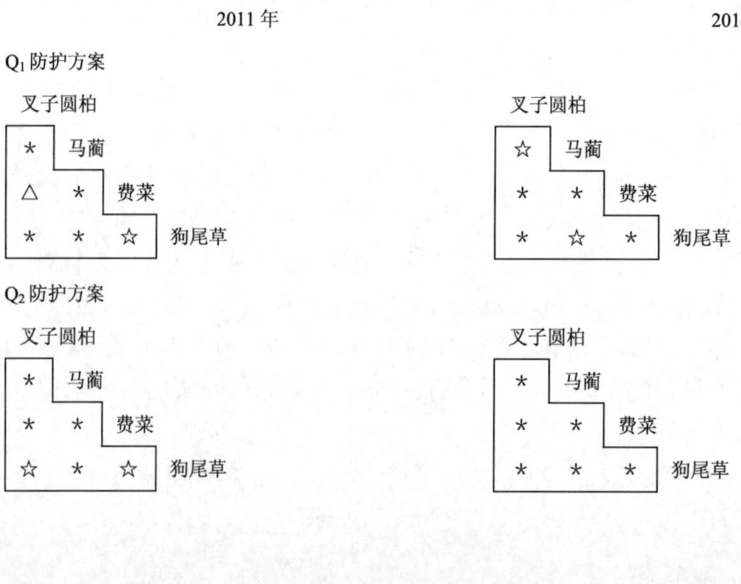

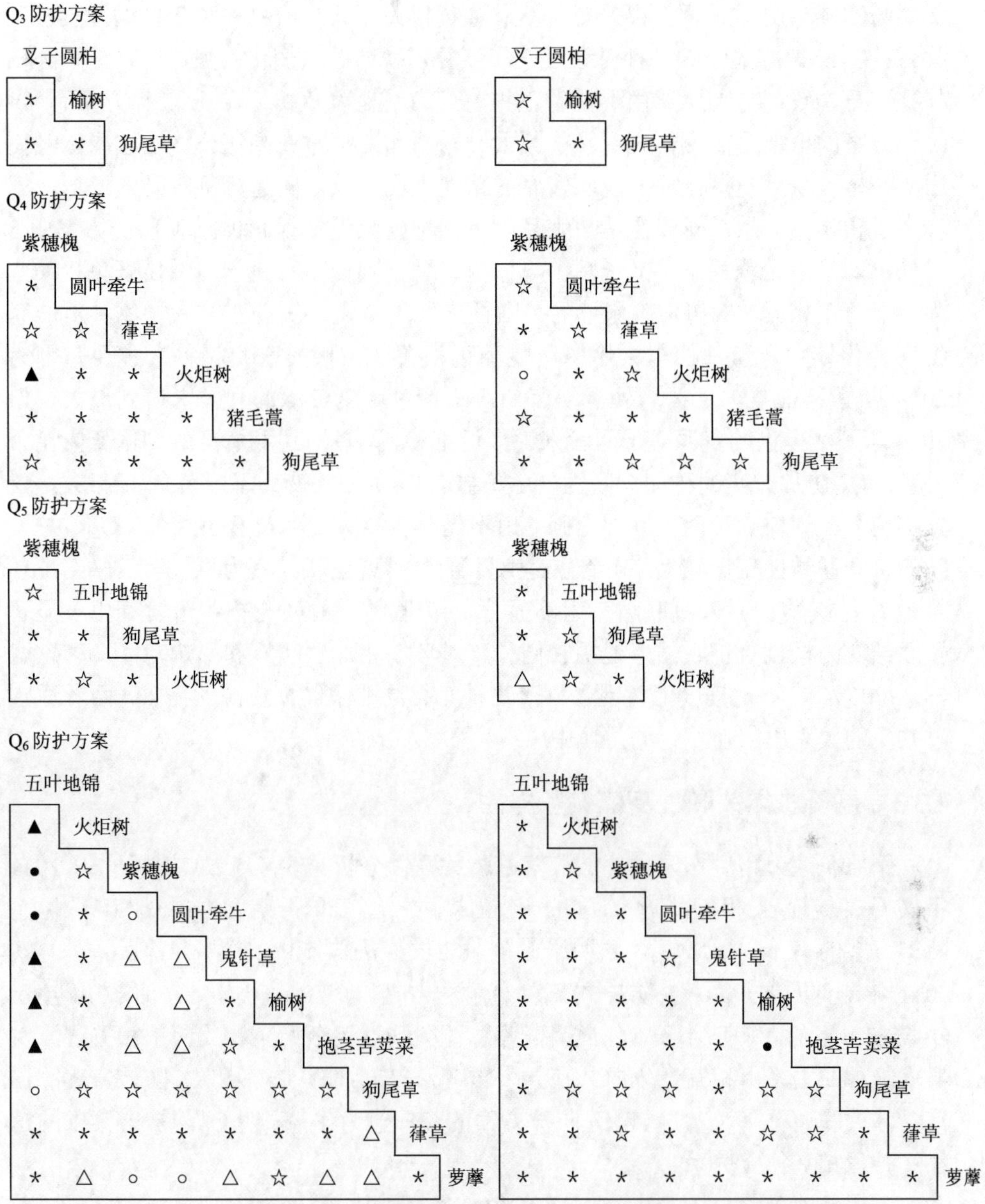

图 4-9 平原公路边坡不同生态防护措施优势种种间关联性的校正 χ^2 检验值半矩阵图

☆：不显著正相关（$P \geqslant 0.05$）；*：不显著负相关（$P \geqslant 0.05$）；▲：显著正相关（$0.01 \leqslant P < 0.05$）；●：极显著正相关（$P < 0.01$）；△：显著负相关（$0.01 \leqslant P < 0.05$）；○：极显著负相关（$P < 0.01$）

不同生态防护措施的种间关联性具有较大差异。2011 年至 2014 年期间，Q_1 防护方案的叉子圆柏与马蔺、马蔺与狗尾草由不显著负相关变为不显著正相关，费菜与狗尾草由不显著正相关变为不显著负相关，其余植物种对一直保持负相关关系；Q_2防护方案中6个种对经过3年恢复，联结关系变化不大，只有叉子圆柏与狗尾草、费菜与狗尾草由不显著正相关变为不显著负相关。Q_1防护方案和Q_2防护方案的植被组成变化说明叉子圆柏、马蔺和费菜常在高速公路边坡绿化时使用，在植被恢复初期往往表现出较好的路遇景观效果，随着恢复时间的增加，三者多呈负相关关系，建议在植被恢复时单独种植或隔多行间种。Q_3防护方案中3对植物均呈不显著关系，叉子圆柏与榆树、叉子圆柏与狗尾草由不显著负相关变为不显著正相关，榆树与狗尾草的关联性未发生变化。Q_4防护方案植物种对的联结性变化较大，紫穗槐与火炬树由显著正相关变为极显著负相关，主要是因为2011年紫穗槐与火炬树均处于幼苗期，两者对环境资源的利用未达到最大，但2014年环境提供的资源对于两者来说接近饱和，两者对边坡资源的利用变为竞争关系。Q_5防护方案的种间关联性多由不显著正/负相关变为不显著负/正相关，仅紫穗槐与火炬树的种间关联性增强，由不显著负相关变为显著负相关。Q_6防护方案的种间联结性变化较大，6个种对由显著/极显著正联结变为不显著负联结，15个种对由显著/极显著负联结变为不显著负/正联结。榆树与抱茎苦荬菜由不显著负联结变为极显著正联结，说明它们具有对环境相似的响应和影响功能（李意德等，2007），在一定程度上体现了群落物种对相同非限制性资源的需求，两者适宜以共生的关系生活在相近的生境中。

4.3.3　群落总体关联性及植被多样性

平原高速公路生态防护边坡群落总体关联性分析见表4-5。从表中可知，2011年仅Q_2防护方案和Q_6防护方案的W值大于$\chi^2_{0.05}$，2014年仅Q_4防护方案和Q_5防护方案的W值大于$\chi^2_{0.05}$，表明平原公路边坡群落总体相关性多呈不显著关系。2011年Q_1防护方案、Q_3防护方案和Q_4防护方案的VR值小于1，而2014年仅Q_2防护方案的VR值小于1，说明群落总体关联性逐渐由负相关向正相关过渡，群落物种的关系由相互竞争向共存共生转变，仅Q_2防护方案和Q_6防护方案的群落总体关联性下降。2014年Q_6防护方案的VR值为1，表明Q_6防护方案中的植物物种呈相互独立关系。

平原高速公路Q_1～Q_6防护方案的植被多样性比较结果见表4-6。从表中可知，随着植被恢复时间的增加，多样性指数呈现不同的变化规律。Margalef丰富度指数多呈增加趋势，Simpson多样性指数、Shannon-Wiener多样性指数多呈降低趋势，Pielou均匀度指数的变化幅度在6类边坡中最小，分布在0.58～0.78范围内。经过3年的恢复，Q_1防护方案和Q_2防护方案的4个多样性指数均减小，说明马蔺、费菜和叉子圆柏的植物组合不适宜在公路边坡绿化时使用。

表 4-5 平原高速公路边坡群落总体关联性

防护方案	σ_T^2		S_T^2		VR 值		物种数		W 值		$\chi^2_{0.95}$	$\chi^2_{0.05}$
	2011 年	2014 年	2011 年	2014 年	2011 年	2014 年	2011 年	2014 年	2011 年	2014 年		
Q_1	3.36	0.72	2.16	2.16	0.64	3.00	20	6	9.64	18.00	7.26	25.00
Q_2	2.16	0.88	6.16	0.64	2.85	0.73	15	7	42.78	5.09	7.26	25.00
Q_3	1.04	2.40	0.64	2.56	0.62	1.07	8	15	9.23	16.00	7.26	25.00
Q_4	4.00	3.71	1.92	6.69	0.48	1.80	27	21	10.08	37.87	11.59	32.67
Q_5	3.04	3.20	3.61	7.04	1.19	2.20	19	20	17.81	44.00	7.26	25.00
Q_6	2.39	4.04	5.10	4.02	2.13	1.00	26	37	83.22	36.82	25.70	54.57

表 4-6 平原高速公路边坡不同生态防护措施的植被多样性比较

防护方案	Margalef 丰富度指数		Simpson 多样性指数		Shannon-Wiener 多样性指数		Pielou 均匀度指数	
	2011 年	2014 年	2011 年	2014 年	2011 年	2014 年	2011 年	2014 年
Q_1	1.79±0.17b	0.63±0.15a	0.77±0.02a	0.55±0.05a	1.69±0.08a	0.97±0.14a	0.78±0.03a	0.70±0.02a
Q_2	1.71±0.24b	0.73±0.07ab	0.73±0.04ab	0.54±0.06a	1.64±0.15a	0.98±0.12a	0.75±0.03a	0.65±0.07a
Q_3	0.53±0.08a	1.10±0.14abc	0.54±0.02ab	0.52±0.07a	0.87±0.03b	1.00±0.13a	0.74±0.07a	0.59±0.07a
Q_4	1.44±0.12b	1.56±0.17c	0.54±0.07ab	0.69±0.06a	1.17±0.14ab	1.50±0.16a	0.58±0.07a	0.73±0.05a
Q_5	1.44±0.19b	1.46±0.32bc	0.68±0.03ab	0.64±0.06a	1.41±0.08ab	1.37±0.16a	0.76±0.05a	0.70±0.08a
Q_6	0.72±0.10a	1.07±0.14abc	0.44±0.07b	0.50±0.05a	0.83±0.13b	1.03±0.11a	0.58±0.09a	0.61±0.05a

注：表中数值为平均值±标准差。同列不含相同小写字母表示不同防护方案间存在显著差异（$P<0.05$）

4.4 公路边坡植物群落主导影响因素

随着数量生态学的发展，典范对应分析（CCA）、除趋势对应分析（DCA）、冗余分析（RDA）等数量分类和排序的方法被广泛应用于植物群落生态学研究中（Sapp et al.，2015；Gilliam et al.，2014；沈丽等，2014；任学敏等，2012；Warton et al.，2012；郑敬刚等，2008）。采用 Canoco 4.5 软件的 RDA 排序法对高速公路生态防护边坡植物群落进行分类和排序，分析环境因子与植物分布的关系，了解平原区和山区公路边坡的植物构成特征，明确植物群落恢复过程中物种丰富度、均匀度等的变化趋势，以揭示生态防护边坡的植被变化规律，为公路边坡生态系统的植被重建提供指导，促进公路边坡受损生境的植被恢复。

4.4.1　山区公路植物群落影响因素分析

应用 Canoco 4.5 软件的 DCA 排序模型，判定 4 个轴梯度长度的最大值小于 3，因此应选择线性模型 RDA 进行数据分析。本研究采用 RDA 对山区高速公路生态防护边坡 30 个样地的数据进行分析。由表 4-7 可知，RDA 第 1 排序轴特征值最大(0.275)，第 2 排序轴次之(0.091)，前两个排序轴的特征值占总特征值的 99.2%，累积贡献率高达 99%，说明排序结果良好，故认为第 1 排序轴和第 2 排序轴可以解释植被-环境关系的全部信息。8 个环境因子中，RDA 第 1 排序轴与 pH 和坡度呈正相关关系，与有机质含量、全氮含量、有效磷含量、速效钾含量、坡向和坡长呈负相关，其中有效磷含量和速效钾含量与第 1 排序轴相关系数的绝对值较大，分别为 0.37 和 0.38；pH、有效磷含量、坡向与 RDA 第 2 排序轴呈正相关，且坡向与第 2 排序轴的相关性最大，相关系数为 0.36，有机质含量、全氮含量、速效钾含量、坡度和坡长与 RDA 第 2 排序轴呈负相关。

表 4-7　山区高速公路边坡 RDA 排序轴的特征值及植被-环境相关系数

环境因子	第 1 排序轴	第 2 排序轴	第 3 排序轴	第 4 排序轴
pH	0.22	0.12	–0.43	–0.04
有机质含量	–0.01	–0.24	0.26	0.24
全氮含量	–0.03	–0.25	0.28	0.34
有效磷含量	–0.37	0.01	–0.07	0.27
速效钾含量	–0.38	–0.26	–0.05	–0.08
坡向	–0.08	0.36	0.13	–0.02
坡度	0.29	–0.14	–0.10	0.08
坡长	–0.22	–0.11	0.18	–0.17
特征值	0.275	0.091	0.003	0.000
累计贡献率/%	74.5	99.0	99.9	100.0
物种-环境相关系数	0.60	0.63	0.64	0.52

进一步得到植被-环境因子的二维排序图（图 4-10），8 个环境因子所属的箭头线段分别用字母表示。由 RDA 的排序结果可以看出，山区高速公路生态防护边坡的 30 个样地群落聚为 4 种类型：即位于坡度较缓边坡的狗尾草+马唐+柠条锦鸡儿+五叶地锦+紫穗槐+紫苜蓿+牵牛群落（1 号、2 号、3 号、4 号、5 号、6 号、7 号、9 号、10 号、25 号、69 号和 70 号样地）（群落Ⅰ）、生长在坡度适中

边坡的紫苜蓿+狗尾草+胡枝子+五叶地锦+紫穗槐+牵牛群落（11 号、12 号、13 号、14 号、15 号、18 号、19 号、24 号和 49 号样地）（群落Ⅱ）、紫穗槐+狗尾草+五叶地锦群落（8 号、16 号、17 号、20 号、46 号和 50 号样地）（群落Ⅲ）及坡度较陡边坡的狗尾草+紫穗槐群落（21 号、22 号和 23 号样地）（群落Ⅳ）。

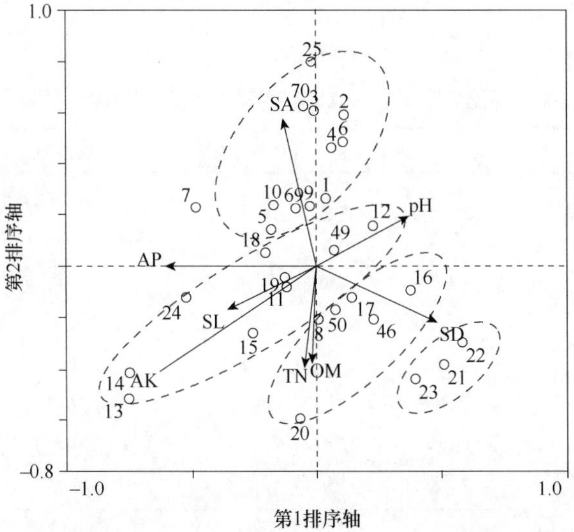

图 4-10　山区高速公路边坡 30 个样地与 8 个环境因子的 RDA 排序图

SA：坡向；AP：有效磷含量；SL：坡长；AK：速效钾含量；TN：全氮含量；OM：有机质含量；SD：坡度，图 4-11 同

综合山区高速公路生态防护边坡 RDA 第 1、第 2 排序轴的生态学意义（表 4-7，图 4-10），沿着 RDA 第 1 排序轴从左到右，随着坡长的缩短、坡度的增加，土壤有机质含量、全氮含量、有效磷含量、速效钾含量呈下降趋势；沿着 RDA 第 2 排序轴从下到上，随着坡向由阳坡向阴坡过渡，有机质含量、全氮含量和速效钾含量逐渐减少。排序结果表明，沿着群落Ⅳ→群落Ⅲ→群落Ⅱ→群落Ⅰ方向，土壤养分含量呈下降趋势，即 P_4 防护方案（浆砌石框格客土绿化措施栽植柠条锦鸡儿）的生态防护效果较差。

4.4.2　平原区公路植物群落影响因素分析

对平原高速公路生态防护边坡植被及环境因子进行数量化排序分析，判定 4 个轴梯度长度的最大值小于 3，因此选择 RDA 对平原高速公路生态防护边坡 40 个样地数据进行统计分析，环境因子与排序轴的相关系数及排序轴特征值见表 4-8。RDA 第 1 排序轴特征值最大（0.352），第 2 排序轴次之（0.022），第 3、第 4 排序轴的特征值最小，前两个排序轴的特征值占总特征值的 99.2%，第 1、第 2 排序轴的累积贡献率为 99.3%，说明 RDA 第 1、第 2 排序轴已能较好地反映植被-环境关系。8 个环境因子中，仅有效磷含量和坡长与 RDA 第 1 排序轴呈负相关，其余环境因子与 RDA 第 1 排序轴均呈正相关，其中速效钾含量与第 1 排序轴的相关系数最大（0.46）；RDA 第 2 排序轴与坡向、坡度呈负相关，与其余环境因子均呈正相关，其中有机质含量和全氮含量与第 2 排序轴的相关系数较大，分别为 0.26 和 0.28。

表 4-8 平原高速公路边坡 RDA 排序轴的特征值及植被-环境相关系数

环境因子	第 1 排序轴	第 2 排序轴	第 3 排序轴	第 4 排序轴
pH	0.24	0.05	–0.32	0.09
有机质含量	0.02	0.26	0.08	0.02
全氮含量	0.13	0.28	0.12	0.10
有效磷含量	–0.15	0.11	–0.14	–0.27
速效钾含量	0.46	0.00	0.09	–0.16
坡向	0.02	–0.19	0.03	0.23
坡度	0.13	–0.02	–0.27	–0.19
坡长	–0.04	0.10	–0.23	0.07
特征值	0.352	0.022	0.002	0.001
累计贡献率/%	93.4	99.2	99.9	100.0
物种-环境相关系数	0.64	0.40	0.52	0.54

平原区高速公路生态防护边坡植被与环境因子的 RDA 排序结果如图 4-11 所示。排序图中，环境因子所属的箭头线段分别用字母表示，环境因子的箭头方向与排序轴的夹角越小则该环境因子与排序轴的相关性越大，反之则越小。将样地垂直投影于箭头延长线上，沿环境因子的箭头方向，样地与环境因子的相关性逐渐增大。由 RDA 的排序结果可以看出，平原区高速公路生态防护边坡的 40 个样地群落聚为 4 种类型：位于坡度稍缓边坡的狗尾草+五叶地锦+马唐+黄花蒿群落（38 号、39 号、44 号、56 号、57 号、58 号、59 号、60 号、61 号、63 号、64 号、65 号、66 号、67 号和 68 号样地）（群落Ⅰ）、狗尾草+反枝苋+马唐+马齿苋+费菜+牛筋草+叉子圆柏+虎尾草+旱柳+萝藦群落（26 号至 35 号样地）（群落Ⅱ）、坡长较短边坡的紫穗槐+狗尾草+圆叶牵牛+萝藦+葎草群落（36 号、41 号、42 号、43 号、45 号、47 号和 48 号样地）（群落Ⅲ）、多生长在阴向边坡的狗尾草+火炬树+五叶地锦+葎草+马唐+紫穗槐群落（37 号、40 号、51 号、52 号、53 号、54 号、55 号和 62 号样地）（群落Ⅳ）。

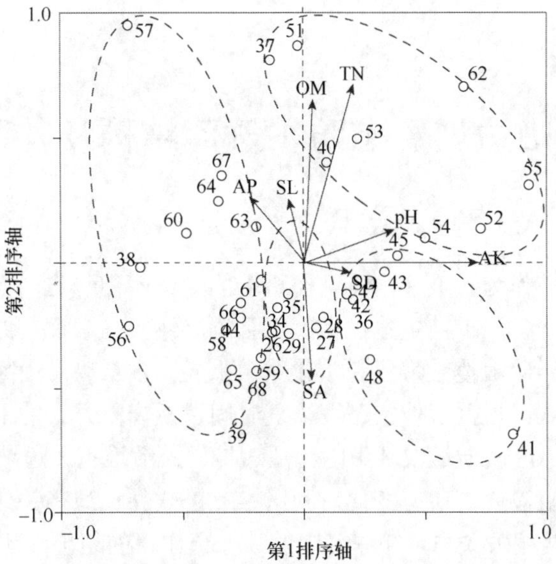

图 4-11 平原区高速公路边坡 40 个样地与 8 个环境因子的 RDA 排序图

综合平原区高速公路生态防护边坡 RDA 第 1、第 2 排序轴的生态学意义（表 4-8，图 4-11），沿着 RDA 第 1 排序轴从左到右，随着坡度的增加，土壤 pH、速效钾含量也随之增加，而有效磷含量呈减少趋势；沿着 RDA 第 2 排序轴从下到上，随着坡长的增加，有机质含量、全氮含量和有效磷含量均表现出增加趋势，速效钾含量不受第 2 排序轴的影响。排序结果表明，沿着群落Ⅲ或群落Ⅱ→群落Ⅳ的方向，边坡坡向由阳坡向阴坡过渡，土壤养分条件更利于植被生长，说明以群落Ⅳ为主的 Q_5 防护方案（空心六棱砖绿化措施栽植五叶地锦和紫穗槐）具有最优的边坡防护效果。

5　废弃矿山边坡生态防护群落结构及其种间关联性

废弃矿山边坡作为一类非常特殊而极端的生境，由于立面太高、坡度过大、植物生长环境极恶劣，植被重建过程困难且进度缓慢。掌握自然植被、土壤发生发展规律对于废弃矿山植被恢复和重建非常重要。本章以房山区周口店镇黄院村采石场为研究区域，根据边坡类型、恢复时间以及恢复方式的不同将 149 个边坡划分为三大类（山区岩质边坡、山区土质边坡、松散堆积体边坡）16 小类，分析不同边坡类型的植被恢复动态变化，利用 SPSS 软件典型相关分析，研究土壤、地形、植被的两两相关关系，并深入探讨其综合作用的结果。运用 WinTWINS 软件对不同恢复年限植物群落进行划分，研究不同时间梯度的植物群落恢复过程和土壤养分异质性变化，得出房山区周口店镇废弃矿山的植被演替规律，为北京地区废弃矿山边坡植被恢复和重建奠定理论基础，加快废弃矿山边坡植被恢复进程。

5.1　废弃矿山边坡的物种组成

野外调查统计结果显示，目前采石场共发现植物 127 种，分属于 43 科 108 属。常见的植物物种见表 5-1，其中狗尾草、猪毛菜、荆条、小花鬼针草、葎草、鬼针草、黄花蒿、萝藦、猪毛蒿和臭椿等是调查样地群落主要的优势种。

表 5-1　采石场主要植物

中文名	拉丁名	中文名	拉丁名
黄花蒿	*Artemisia annua*	紫穗槐	*Amorpha fruticosa*
猪毛蒿	*Artemisia scoparia*	反枝苋	*Amaranthus retroflexus*
臭椿	*Ailanthus altissima*	艾	*Artemisia argyi*
白莲蒿	*Artemisia stechmanniana*	扁担杆	*Grewia biloba*
小花鬼针草	*Bidens parviflora*	雀儿舌头	*Leptopus chinensis*
鬼针草	*Bidens pilosa*	萝藦	*Metaplexis japonica*
白颖薹草	*Carex duriuscula* subsp. *rigescens*	臭草	*Melica scabrosa*
黄栌	*Cotinus coggygria*	紫苜蓿	*Medicago sativa*
藜	*Chenopodium album*	圆叶牵牛	*Ipomoea purpurea*
秋英	*Cosmos bipinnatus*	牵牛	*Ipomoea nil*

续表

中文名	拉丁名	中文名	拉丁名
灰绿藜	*Chenopodium glaucum*	委陵菜	*Potentilla chinensis*
丛生隐子草	*Cleistogenes caespitosa*	侧柏	*Platycladus orientalis*
大披针薹草	*Carex lanceolata*	火炬树	*Rhus typhina*
小红菊	*Dendranthema chanetii*	鼠李	*Rhamnus davurica*
马唐	*Digitaria sanguinalis*	茜草	*Rubia cordifolia*
高羊茅	*Festuca arundinacea*	抱茎苦荬菜	*Crepidiastrum sonchifolium*
葎草	*Humulus scandens*	狗尾草	*Setaria viridis*
鸡眼草	*Kummerowia striata*	风毛菊	*Saussurea japonica*
栾树	*Koelreuteria paniculata*	猪毛菜	*Salsola collina*
求米草	*Oplismenus undulatifolius*	桃叶鸦葱	*Scorzonera sinensis*
荆条	*Vitex negundo* var. *heterophylla*	榆树	*Ulmus pumila*

5.2 废弃矿山边坡植被恢复动态研究

5.2.1 植物群落特征

根据边坡类型、恢复年限、恢复方法的不同划分出三大类（山区岩质边坡、山区土质边坡和松散堆积体边坡）16 小类，并进行总体多样性统计及优势种的筛选。将重要值≥10%，出现样方数≥5 的植物物种确定为优势种。不同边坡类型的群落基本特征见表 5-2。

表 5-2 不同边坡类型的群落基本特征

边坡类型	恢复年限	恢复方式	植物长势分值	Simpson 多样性指数	Shannon-Wiener 多样性指数	Pielou 均匀度指数	Margalef 丰富度指数	植物物种数	植被盖度/%
山区岩质边坡	<5 年	自然恢复	1	0.50	0.89	0.71	0.71	4	6
	5～10 年	自然恢复	1	0.69	1.41	0.73	1.41	7	10
	>10 年	自然恢复	2	0.56	1.03	0.80	0.84	4	29
		原生植被	4	0.73	1.72	0.70	2.06	13	74
山区土质边坡	<5 年	自然恢复	3	0.69	1.54	0.74	1.72	8	52
	5～10 年	自然恢复	2	0.76	1.68	0.81	1.70	8	35

续表

边坡类型	恢复年限	恢复方式	植物长势分值	Simpson 多样性指数	Shannon-Wiener 多样性指数	Pielou 均匀度指数	Margalef 丰富度指数	植物物种数	植被盖度/%
山区土质边坡	>10 年	自然恢复	4	0.81	1.91	0.83	2.00	10	65
		生态防护	5	0.84	2.16	0.76	2.75	17	95
		原生植被	5	0.75	1.76	0.67	2.22	15	86
松散堆积体边坡	<5 年	自然恢复	3	0.24	0.51	0.37	0.79	5	25
		生态防护	4	0.73	1.52	0.81	1.39	7	61
	5～10 年	自然恢复	3	0.63	1.32	0.73	1.25	7	51
		生态防护	3	0.59	1.32	0.59	1.80	10	48
	>10 年	自然恢复	5	0.69	1.54	0.70	1.55	9	90
		生态防护	5	0.77	1.93	0.70	2.46	17	94
		原生植被	5	0.61	3.02	0.99	3.01	21	85

注：植物长势，即植物的生长状况，用 5 分制表示，1～2 分为植物生长状况较差；3～4 分为植物生长状况一般；5 分为植物生长状况较良好

5.2.1.1 山区岩质边坡

山区岩质边坡的优势种有狗尾草、猪毛菜、鬼针草、抱茎苦荬菜、白莲蒿、求米草、荆条、榆树、鸡眼草、丛生隐子草等 10 种。植被组成以草本为主，灌木、乔木出现频率较低。随着恢复年限的增加，Simpson 多样性指数、Shannon-Wiener 多样性指数和 Margalef 丰富度指数呈现出不同程度的增长趋势，而 Pielou 均匀度指数变化不大，为 0.70～0.80。说明随着植被恢复时间的增加，入侵植物物种增多，边坡植被多样性和丰富度增加。自然恢复边坡植被与周边原生植被相比，植物长势较差，植被盖度较低。

5.2.1.2 山区土质边坡

山区土质边坡的优势种有狗尾草、葎草、鬼针草、猪毛蒿、臭椿、猪毛菜、圆叶牵牛、荆条、丛生隐子草、鸡眼草、臭草、中华卷柏、白莲蒿、黄栌、扁担杆、小红菊、白颖薹草等 17 种。随着恢复年限的增加，多样性指数的变化趋势与

山区岩质边坡相似，Simpson 多样性指数、Shannon-Wiener 多样性指数和 Margalef 丰富度指数呈增加趋势，Pielou 均匀度指数为 0.67～0.83。自然恢复边坡，植被组成以草本为主，植物长势较周边原生植被差，植被盖度也较低。生态防护边坡的植物长势良好，Simpson 多样性指数、Shannon-Wiener 多样性指数、Pielou 均匀度指数、Margalef 丰富度指数和物种数较高，边坡覆盖度好。

5.2.1.3 松散堆积体边坡

松散堆积体边坡的优势种有狗尾草、猪毛菜、葎草、猪毛蒿、荆条、藜、黄花蒿、鬼针草、白莲蒿、抱茎苦荬菜、反枝苋、扁担杆、牵牛、丛生隐子草、白颖薹草、茜草、圆叶牵牛等 17 种。随着恢复年限增加，Simpson 多样性指数、Shannon-Wiener 多样性指数和 Margalef 丰富度指数呈增加趋势，其中 Shannon-Wiener 多样性指数和 Margalef 丰富度指数增加幅度最明显。松散堆积体边坡的群落基本特征随边坡植被恢复方式的不同变化幅度很大，总体上表现为在植被恢复初期，生态防护边坡的植被效果好于自然恢复边坡，随着年限的增加，生态防护边坡的植被恢复效果与自然恢复边坡表现出趋同性，但生态防护边坡的植被演替周期更短，该研究结果与 Zhang 等（2005）和 Onaindia 等（2004）的研究结果相一致，表明人工栽植辅以一定的边坡生态防护措施对群落更新是有利的，可加速边坡植被演替进程。

5.2.2 优势种的种间关联性

山区岩质边坡、山区土质边坡和松散堆积体边坡优势种的种间关联性，见图 5-1～图 5-3。山区岩质边坡筛选 10 个优势种，组成 45 个种对。其中有 37 个种对表现为显著相关，占种对总数的 82.22%，极显著和不显著的种对占少数，其中仅有 2 对呈极显著相关，6 对呈不显著相关，分别仅占种对总数的 4.44%和 13.34%。山区岩质边坡呈极显著相关的种对是猪毛菜和抱茎苦荬菜、鸡眼草和丛生隐子草。

山区土质边坡筛选 17 个优势种，组成 136 个种对。136 个种对中有 115 个种对表现为显著相关性，占种对总数的 84.56%；极显著相关种对为 18 个，占种对总数的 13.24%；不显著种对最少，仅为 3 个，仅占种对总数的 2.2%。山区土质边坡呈极显著相关的种对有葎草与狗尾草、猪毛菜与狗尾草、鬼针草与臭草、猪毛蒿与臭草、猪毛菜与圆叶牵牛、丛生隐子草与荆条、中华卷柏与小红菊、中华卷柏与白颖薹草、黄栌与扁担杆、荆条与狗尾草、丛生隐子草与狗尾草、丛生隐子草与葎草、丛生隐子草与鬼针草、猪毛蒿与丛生隐子草、臭椿与丛生隐子草、猪毛菜与荆条、猪毛菜与白颖薹草、圆叶牵牛与荆条，表明它们具有相似生态位水平和环境适应性。

	狗尾草	猪毛菜	鬼针草	抱茎苦荬菜	白莲蒿	求米草	荆条	榆树	鸡眼草
猪毛菜	△								
鬼针草	△	△							
抱茎苦荬菜	△	★	△						
白莲蒿	△	△	△	△					
求米草	△	△	△	△	△				
荆条	△	△	△	△	△	－			
榆树	△	△	－	△	△	－	△		
鸡眼草	△	△	－	△	△	－	△	△	
丛生隐子草	△	△	－	△	△	△	△	△	★

图 5-1　山区岩质边坡优势种的种间关联性

★：极显著相关（$P<0.01$）；△：显著相关（$0.01\leqslant P<0.05$）；－：不显著相关（$P\geqslant 0.05$）

	狗尾草	葎草	鬼针草	猪毛蒿	臭椿	猪毛菜	圆叶牵牛	荆条	丛生隐子草	鸡眼草	臭草	中华卷柏	白莲蒿	黄栌	扁担杆	小红菊
葎草	★															
鬼针草	△	△														
猪毛蒿	△	△	△													
臭椿	△	△	△	△												
猪毛菜	★	△	△	△	△											
圆叶牵牛	△	△	△	△	△	★										
荆条	★	△	△	△	△	★	★									
丛生隐子草	★	★	★	★	★	△	△	★								
鸡眼草	－	△	△	△	△	△	△	△	△							
臭草	△	△	★	★	△	△	△	△	△	△						
中华卷柏	△	△	△	△	△	△	△	△	△	△	△					
白莲蒿	△	△	△	△	△	△	△	－	△	△	△	△				
黄栌	△	△	△	△	△	△	△	△	△	△	△	△	△			
扁担杆	△	△	△	△	△	△	△	△	△	△	△	△	－	★		
小红菊	△	△	△	△	△	△	△	△	△	△	△	★	△	△	△	
白颖薹草	△	△	△	△	△	★	△	△	△	△	△	★	△	△	△	△

图 5-2　山区土质边坡优势种的种间关联性

★：极显著相关（$P<0.01$）；△：显著相关（$0.01\leqslant P<0.05$）；－：不显著相关（$P\geqslant 0.05$）

松散堆积体边坡的优势种数量与山区土质边坡的相同，共 17 个优势种，组成 136 个种对。136 个种对的种间关联性中，显著相关的种对占大多数，达到了 117 个，占种对总数的 86.03%；其次是不显著的种对，为 13 个，占种对总数的 9.56%；极显著相关的种对最少，仅为 6 个，仅占种对总数的 4.41%。松散堆积体

	狗尾草	猪毛菜	葎草	猪毛蒿	荆条	藜	黄花蒿	鬼针草	白莲蒿	抱茎苦荬菜	反枝苋	扁担杆	牵牛	从生隐子草	白颖薹草	圆叶牵牛
猪毛菜	△															
葎草	△	△														
猪毛蒿	△	—	△													
荆条	★	△	△	—												
藜	△	△	△	△	△											
黄花蒿	△	△	△	△	△	△										
鬼针草	△	—	△	△	△	△	△									
白莲蒿	△	△	★	△	△	△	—	△								
抱茎苦荬菜	△	△	△	△	—	△	△	△	△							
反枝苋	△	△	△	△	△	—	△	△	—	△						
扁担杆	△	△	△	△	△	△	△	△	△	△	△					
牵牛	△	△	△	△	△	△	△	★	—	△	△	△				
从生隐子草	△	△	△	△	★	△	△	△	△	△	△	△	△			
白颖薹草	★	△	△	△	△	△	△	△	△	△	△	△	△	△		
圆叶牵牛	—	△	△	△	—	△	—	△	△	—	△	△	★	—	△	
茜草	△	△	△	△	△	△	△	△	△	△	△	△	△	△	△	△

图 5-3　松散堆积体边坡优势种的种间关联性

★：极显著相关（$P<0.01$）；△：显著相关（$0.01\leqslant P<0.05$）；—：不显著相关（$P\geqslant 0.05$）

边坡呈极显著相关的种对有从生隐子草与荆条、牵牛与鬼针草、牵牛与圆叶牵牛、荆条与狗尾草、白颖薹草与狗尾草、白莲蒿与葎草。

对比 3 类边坡的种间关联性可知，3 类边坡的种对多呈显著相关，其中松散堆积体边坡呈显著相关的种对数最多，说明边坡植被对生存环境的要求较为相似，植物多为共生关系。山区岩质边坡和松散堆积体边坡不显著相关的种对比例大于极显著相关的种对比例，说明植物种间关系整体上比较松散，植物独立性较强。而山区土质边坡则为极显著相关的种对比例大于不显著相关的种对比例。

5.2.3　群落总体关联性

废弃矿山 3 类典型边坡群落总体关联性见表 5-3。由表可知，3 类边坡 W 值均大于 $\chi^2_{0.05}$，表明 3 类边坡的群落总体关联性显著。VR 值均大于 1，表明群落总体关联性呈正相关，即边坡物种间多呈相互依存的共生关系。3 类典型边坡的 VR 值排序结果为：松散堆积体边坡＞山区岩质边坡＞山区土质边坡，说明松散堆积体边坡群落总体联结性最好，物种关系紧密，而山区土质边坡群落总体联结性较差，群落中呈相互依存状态的植物最少。

表 5-3 废弃矿山 3 类典型边坡群落总体关联性

边坡类型	σ_T^2	S_T^2	VR 值	物种数	W 值	$\chi^2_{0.95}$	$\chi^2_{0.05}$
山区岩质边坡	5.61	13	2.32	43	99.64	5.23	21.03
山区土质边坡	8.12	9.57	1.18	62	73.08	7.26	25.00
松散堆积体边坡	6.99	22.18	3.17	109	345.77	49.16	87.11

5.2.4 废弃矿山典型边坡植被恢复

废弃矿山边坡植被恢复是一个由自然因素和人为因素共同作用的植被演替进程，且受立地条件的影响较大（魏述艳，2010；Martínez-Ruiz and Marrs，2007；Wiegleb and Felinks，2001）。山区岩质边坡和松散堆积体边坡是采石场最具代表性的两种立地类型，其中，松散堆积体边坡是采石场最为常见的一种边坡类型，具有透水性强、蓄水能力差、易松散等特性（赵建军等，2008）；山区岩质边坡较为陡峭，缺水、缺土、缺养分的立地条件导致植物生长困难，植物根系难以固定，岩质坡面仅石壁立面缝隙或凹陷平缓处等区域可以聚集土壤满足植物入侵的条件（袁剑刚等，2005）。山区岩质边坡、山区土质边坡和松散堆积体边坡的植被多样性比较如图 5-4 所示。山区土质边坡的植被多样性指数最大，山区岩质边坡和松散堆积体边坡的植被多样性指数较小，总体来看松散堆积体边坡的植被恢复效果略好于山区岩质边坡。

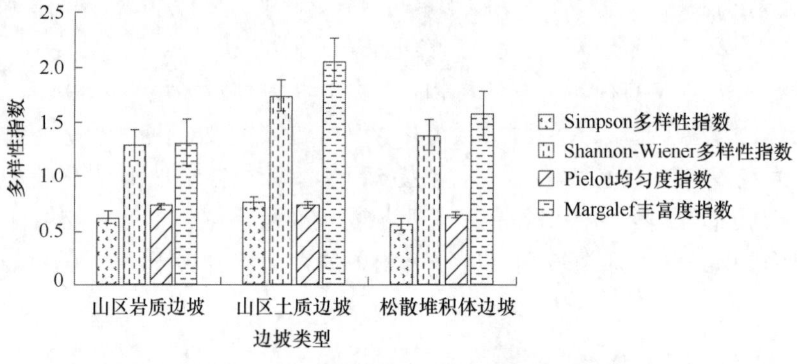

图 5-4 不同边坡类型的植被多样性指数

5.3 废弃矿山边坡植物群落主导影响因素

废弃矿山边坡植被恢复在极大程度上受土壤养分及其地形等环境因素的影响。植被生长效果是环境特征的综合反映，并对其生境具有一定的指示性。运用 SPSS 软件典型相关分析对调查数据进行分析，得到植被因子与土壤因子、植被因子与地形因子、土壤因子与地形因子之间的典型相关分析结果（表 5-4）。检验结果显示，植被因子与土壤因子、植被因子与地形因子、土壤因子与地形因子的前4个典型变量的方差累积贡献率分别达到了84.4%、86.7%、87.1%，可基本反映整体的变量信息，因此取前4个典型变量建立拟合方程（表5-5）。由于典型变量3、典型变量4相关系数不显著，因此只对典型变量1、典型变量2进行分析。

表5-4 植被、土壤和地形典型相关系数的卡方检验

因子	典型变量	典型相关系数	χ^2	*df*	显著性	累积贡献率/%
植被因子与土壤因子	1	0.83	69.72	45	0.01	37.8
	2	0.71	34.22	32	0.36	59.1
	3	0.43	13.01	21	0.91	67.3
	4	0.39	6.81	12	0.87	84.4
植被因子与地形因子	1	0.86	81.06	45	0.01	36.2
	2	0.71	40.38	32	0.15	51.2
	3	0.55	18.99	21	0.59	66.4
	4	0.40	8.07	12	0.78	86.7
土壤因子与地形因子	1	0.87	72.64	25	0.00	40.6
	2	0.73	27.87	16	0.03	53.4
	3	0.27	3.30	9	0.95	71.9
	4	0.16	0.92	4	0.92	87.1

表5-5 植被、土壤和地形之间的典型变量构成

因子	典型变量拟合方程
植被因子与土壤因子	$U_1=-1.650X_1-0.179X_2+1.170X_3+0.326X_4-0.568X_5-0.210X_6+0.179X_7+0.073X_8+0.114X_9$
	$U_2=2.480X_1+0.900X_2-2.409X_3+2.668X_4+1.441X_5-3.384X_6-0.867X_7-0.435X_8-1.339X_9$
	$U_3=-3.817X_1+0.135X_2+2.311X_3+3.356X_4+0.793X_5-1.682X_6-0.629X_7+1.309X_8-0.845X_9$
	$U_4=7.171X_1+1.811X_2-4.917X_3-2.135X_4-0.309X_5-3.408X_6+0.466X_7+0.487X_8+0.396X_9$
	$V_1=0.006Y_1-2.094Y_2+0.101Y_3-0.164Y_4+1.181Y_5$
	$V_2=-0.001Y_1+1.392Y_2-0.637Y_3+0.946Y_4-1.044Y_5$
	$V_3=-0.315Y_1+1.840Y_2-1.833Y_3-0.131Y_4-0.245Y_5$
	$V_4=-0.946Y_1-0.683Y_2+0.689Y_3+0.222Y_4+0.134Y_5$
土壤因子与地形因子	$V_1=-0.059Y_1+0.805Y_2-1.308Y_3+0.226Y_4-0.427Y_5$
	$V_2=0.537Y_1-2.837Y_2+1.022Y_3-0.062Y_4+1.612Y_5$
	$V_3=0.207Y_1+0.261Y_2+0.324Y_3-0.797Y_4-1.051Y_5$
	$V_4=-0.730Y_1-2.014Y_2+0.469Y_3-0.349Y_4+1.501Y_5$
	$T_1=0.721Z_1+0.182Z_2+0.472Z_3-0.043Z_4-0.211Z_5$
	$T_2=-0.310Z_1-0.562Z_2-0.112Z_3-0.622Z_4-0.446Z_5$
	$T_3=0.376Z_1+0.110Z_2-0.575Z_3-0.894Z_4+0.394Z_5$
	$T_4=-0.209Z_1+0.217Z_2+0.925Z_3-0.439Z_4+0.988Z_5$

续表

因子	典型变量拟合方程
植被因子与地形因子	$U_1=3.587X_1+0.431X_2-2.309X_3-2.733X_4-0.545X_5+0.537X_6+0.364X_7+0.420X_8+0.739X_9$
	$U_2=2.936X_1+0.649X_2-2.144X_3+2.901X_4+0.342X_5-3.858X_6-0.271X_7+0.086X_8-0.515X_9$
	$U_3=-2.722X_1-1.676X_2+2.020X_3-1.206X_4-1.334X_5+3.409X_6+0.788X_7-0.162X_8+0.936X_9$
	$U_4=0.921X_1+0.752X_2-1.105X_3-0.110X_4-0.185X_5+0.104X_6+0.253X_7-1.009X_8+0.721X_9$
	$T_1=-0.134Z_1+0.236Z_2-0.526Z_3+0.413Z_4+0.307Z_5$
	$T_2=0.023Z_1-0.181Z_2+0.951Z_3+0.631Z_4+0.482Z_5$
	$T_3=0.160Z_1-0.870Z_2-0.087Z_3-0.695Z_4+0.622Z_5$
	$T_4=-1.002Z_1-0.065Z_2-0.025Z_3+0.015Z_4-0.166Z_5$

注：本研究中标准变量组 U 代表植被因子各项指数；V 代表土壤因子各项指数；T 代表地形因子各项指数；X_1 代表 Shannon-Wiener 多样性指数；X_2 代表 Simpson 多样性指数；X_3 代表 Pielou 均匀度指数；X_4 代表 Margalef 丰富度指数；X_5 代表植物长势；X_6 代表最大物种多样性指数；X_7 代表植被组成；X_8 代表物种数量；X_9 代表植被盖度；Y_1 代表 pH；Y_2 代表土壤有机质含量；Y_3 代表土壤速效钾含量；Y_4 代表土壤有效磷含量；Y_5 代表土壤全氮含量；Z_1 代表边坡类型；Z_2 代表坡向；Z_3 代表坡度；Z_4 代表海拔；Z_5 代表坡长，各变量均为归一化后的数值，没有单位

（1）植被因子与土壤因子的典型变量 1 将 Shannon-Wiener 多样性指数和 Pielou 均匀度指数分离出来，其典型荷载分别为–1.650 和 1.170，自变量组中与之对应的解释变量主要是土壤有机质含量和全氮含量，相应的典型载荷分别为–2.094 和 1.181；典型变量 2 将 Shannon-Wiener 多样性指数、Pielou 均匀度指数和 Margalef 丰富度指数分离出来，其典型载荷分别为 2.480、–2.409 和 2.668，自变量组中分离出的解释变量与典型变量 1 相同，说明土壤有机质含量和全氮含量对植被生长的影响最大，尤其与 Shannon-Wiener 多样性指数和 Pielou 均匀度指数的关系最密切。

（2）土壤因子与地形因子的典型变量 1 将土壤有机质含量和速效钾含量分离出来，其典型载荷分别为 0.805 和–1.308，自变量组中与之对应的解释变量主要是边坡类型和坡度，相应的典型载荷分别为 0.721 和 0.472，其中边坡类型和坡度与土壤有机质含量成正相关，与土壤速效钾含量呈负相关。这说明导致土壤有机质含量和速效钾含量变化的主要驱动力是边坡类型的不同以及坡度的差异；典型变量 2 将土壤有机质含量和全氮含量分离出来，其典型载荷分别为–2.837 和 1.612，自变量组中与之对应的解释变量主要是坡向和海拔，相应的典型载荷分别为–0.562 和–0.622，说明具有不同坡向和海拔的坡面受其特有的立地条件（包括植被、温度、降雨等）的影响，对土壤产生的影响较大，主要影响土壤中有机质和全氮的含量。

（3）植被因子与地形因子的典型变量 1 将 Shannon-Wiener 多样性指数、Pielou 均匀度指数和 Margalef 丰富度指数分离出来，其典型载荷分别为 3.587、–2.309 和–2.733，自变量组中与之对应的解释变量主要是坡度、海拔和坡长，相应的典

型载荷分别为–0.526、0.413 和 0.307；典型变量 2 将 Shannon-Wiener 多样性指数、Margalef 丰富度指数和最大物种多样性指数分离出来，其典型载荷为 2.936、2.901 和–3.858，自变量组中分离出来的解释变量与典型变量 1 相同，说明坡度、海拔和坡长这 3 个地形因子是影响植被格局的最重要也是最基本的生境因子，其引起的生境分化，最终导致 Shannon-Wiener 多样性指数、Margalef 丰富度指数、Pielou 均匀度指数和最大物种多样性指数的差异。

5.4 废弃矿山边坡的植被演替规律

5.4.1 植物群落类型的划分

运用 WinTWINS 软件，对北京市房山区周口店镇黄院村采石场不同恢复年限的植物群落进行双向指示种（TWINSPAN）分析，并结合其生态学意义将 149 个样地最终划分为如下 6 个群落类型（表 5-6）。

表 5-6 利用 TWINSPAN 划分的 6 个群落类型的基本特征

群落	描述	平均坡度/(°)	植被盖度/%	植被平均高度/cm	受干扰程度	恢复方式	边坡类型	恢复年限/年	乔木种类/种	灌木种类/种	草本种类/种
Ⅰ	草丛	37	45	29	重度	自然恢复	松散堆积体	1～3	0	0	31
Ⅱ	草丛	33	53	29	重度	生态防护	松散堆积体	1～3	0	0	29
Ⅲ	灌草丛	41	42	28	中度	自然恢复	松散堆积体	3～5	4	4	29
Ⅳ	灌草丛	66	57	53	中度	自然恢复	山区岩质	3～5	5	8	22
Ⅴ	疏林	20	91	37	轻度	生态防护	松散堆积体	5～10	2	12	29
Ⅵ	密林	26	86	39	无	自然恢复	松散堆积体	＞10	10	27	39

群落Ⅰ：马唐+鬼针草+猪毛菜+圆叶牵牛+栾树-藜-葎草群落

该组样地受采石场开采干扰强度很大，植被退化极其严重，以松散堆积体边坡为主，植被自然恢复 1～3 年，群落组成以草本为主。

群落Ⅱ：紫苜蓿-高羊茅群落

该组样地受采石场开采干扰强度很大，植被盖度较低，边坡类型为松散堆积体边坡，采用人工重建的植被恢复方式，恢复时间为 1～3 年，草本优势种为紫苜蓿和高羊茅。

群落Ⅲ：小花鬼针草+抱茎苦荬菜+猪毛蒿-荆条-猪毛菜-秋英-黄花蒿群落

该组样地受采石场开采干扰强度较大，以松散堆积体边坡为主，植被自然恢复3～5年，灌木层优势种为荆条，草本层优势种为小花鬼针草、抱茎苦荬菜、猪毛蒿、猪毛菜、秋英和黄花蒿。

群落Ⅳ：艾群落

该组样地受采石场开采干扰强度较大，植被自然恢复后未进行任何管理，边坡类型以岩质陡峭边坡为主，植被自然恢复3～5年，群落仍处于灌草丛阶段。

群落Ⅴ：扁担杆-酸枣群落

该组样地受采石场开采干扰强度较小，以松散堆积体边坡为主，采用人工重建的植被恢复方式，恢复时间为5～10年，群落所处位置坡度较小，植被盖度较高，群落优势种为扁担杆和酸枣。

群落Ⅵ：桃叶鸦葱+黄栌+大披针薹草-雀儿舌头群落

该组样地所处位置偏僻，人类难以到达，未受开采活动干扰，边坡类型为松散堆积体边坡，样地边坡坡度较缓，植被盖度较高，形成以黄栌为优势种的密林，草本层以大披针薹草（*Carex lanceolata*）和桃叶鸦葱为共优种，灌木层优势种为黄栌和雀儿舌头。

5.4.2　植物群落组成的相似性

群落相似性是群落分析的一个重要基础，不同演替阶段、气候和调查样地距离等因素都会影响群落物种组成，造成群落相似性的不同（于顺利和张承军，2000）。利用 Jaccard 相似性指数对群落Ⅰ至群落Ⅴ与群落Ⅵ的物种组成进行比较（图5-5），研究表明随着恢复年限的增加，Jaccard 相似性指数呈先减小后增大的趋势。群落Ⅰ、群落Ⅱ、群落Ⅲ与群落Ⅵ的相似性较低，相似性指数仅分别为0.35、0.20和0.35，群落Ⅴ与群落Ⅵ的相似性指数最高，达到0.64，说明群落Ⅴ与群落Ⅵ的物种组成具有较高的相似性，群落物种生存环境更为相似。

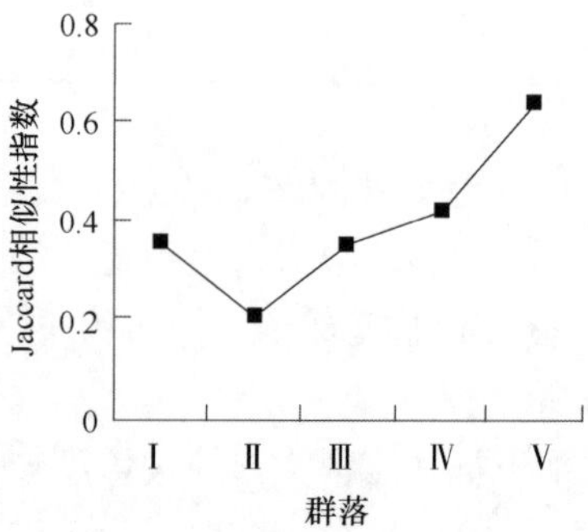

图5-5　Jaccard 相似性指数变化曲线

5.4.3　不同群落类型的植被多样性和土壤养分差异

5.4.3.1　不同群落类型的植被多样性

对上述 6 个群落类型多样性进行比较分析，如图 5-6 所示。

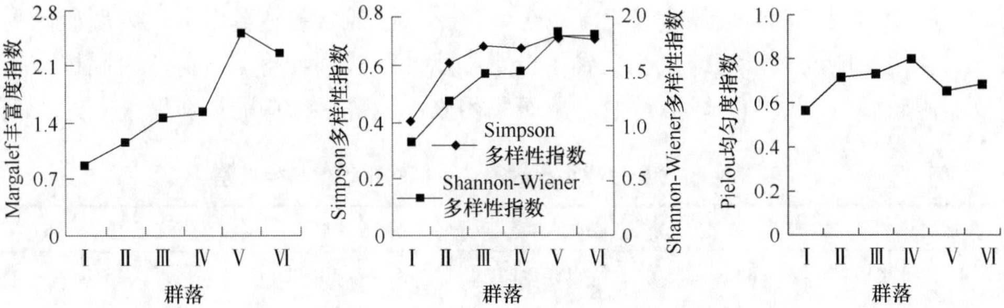

图 5-6　黄院村采石场 6 个群落类型的多样性比较

采石场边坡植被恢复过程所形成 6 个群落类型的多样性差异较大，群落Ⅰ、群落Ⅱ属于草丛群落，Margalef 丰富度指数、Simpson 多样性指数、Shannon-Wiener 多样性指数均较低，群落Ⅱ为人工恢复群落，虽然人工栽植时间较短，但 Margalef 丰富度指数、Simpson 多样性指数、Shannon-Wiener 多样性指数均较群落Ⅰ高，说明植被恢复初期，人为干扰因素（建植技术和防护工程）大于因生境不同对群落结构的影响。群落Ⅲ、群落Ⅳ属于灌草丛群落，随着植被演替进程的发展，入侵植物不断增加，因而具有较高的 Simpson 多样性指数、Shannon-Wiener 多样性指数和 Margalef 丰富度指数。群落Ⅳ是以艾为单一优势种的群落，边坡类型为山区岩质边坡，其植被分布的均匀程度最好。群落Ⅴ、群落Ⅵ属于乔灌草群落，其中群落Ⅴ的恢复时间为 5～10 年，Margalef 丰富度指数、Simpson 多样性指数、Shannon-Wiener 多样性指数较高，而群落Ⅵ未受人为开采干扰，Margalef 丰富度指数、Simpson 多样性指数、Shannon-Wiener 多样性指数维持在较高水平。但是在植被演替发展过程中，随着侵入物种类型的增加，优势种的地位越来越显著，因此群落Ⅴ、群落Ⅵ的均匀性有所降低。

总之，无论从物种丰富度指数还是多样性指数看，森林群落均显著高于草丛和灌丛群落，说明森林群落是更适合废弃矿山边坡的群落配置方式。

5.4.3.2　不同群落类型土壤养分含量的差异

通过进一步统计分析可定量描述 6 个群落类型之间的差别和组间差异显著性程度。从表 5-7 可以看出，土壤有机质含量与速效钾含量的群落间差异达到极显著水平，各指标的分异很大，异质性很强，表明这两个养分指标是北京地区采石场困难立地生态系统的敏感指标，可有效反映不同群落类型对土壤养分含量的影响，其中群落Ⅴ、群落Ⅵ的有机质含量与速效钾含量较高，说明其土壤肥力水平亦较高。6 个群落类型中土壤 pH、有效磷含量、全氮含量 3 个指标的群落间差异不显著，土壤 pH 为 8.00～8.49，土壤有效磷含量和全氮含量分别为 2.15～3.87mg/kg 和 0.17～1.25mg/kg。从群落Ⅰ至群落Ⅵ，土壤有效磷含量表现出先增加再减少的规律，而全氮含量逐渐增加，群落Ⅵ全氮含量达到最大。说明矿区受开采作用影响较大，植被生长受到了一定程度的干扰，群落Ⅴ、群落Ⅵ因植被恢复年限较长，土壤肥力较高，成为采石场困难生境群落结构的最佳配置方式。

表 5-7　6 个群落类型土壤养分指标的平均值与标准差

群落	pH	有机质含量/（g/kg）	速效钾含量/（mg/kg）	有效磷含量/（mg/kg）	全氮含量/（mg/kg）
Ⅰ	8.34±0.25	4.67±3.35	36.92±17.02	3.13±1.15	0.18±0.14
Ⅱ	8.21±0.62	4.24±2.11	15.00±7.07	3.19±1.38	0.17±0.04
Ⅲ	8.40±0.36	6.40±2.41	53.33±10.33	3.33±0.88	0.24±0.21
Ⅳ	8.49±0.40	6.91±2.88	60.00±20.00	3.87±0.71	0.22±0.12
Ⅴ	8.00±0.72	27.51±6.40	106.67±15.28	2.15±0.30	0.82±0.07
Ⅵ	8.37±0.44	38.49±19.84	171.67±75.54	2.82±0.55	1.25±1.06
F 值	0.59	13.14**	13.49**	1.50	4.63

**表示同一指标组间差异在 0.01 水平上存在显著差异

5.4.3.3　植物群落配置与恢复效果

针对极度退化废弃矿山生态系统，植被多样性是反映其恢复效果的重要标志（李裕元和邵明安，2004）。从图 5-7 可以看出，植被恢复初期，群落Ⅰ、群落Ⅱ以草丛为主，多样性指数较低，尚处于植被恢复初级阶段；向群落Ⅲ、群落Ⅳ的演替进程中，外来入侵物种增加，植被多样性更加丰富；群落Ⅴ、群落Ⅵ的多样性指数值趋于平稳，群落结构也相对稳定，表明植被恢复过程基本完成。困难生境的植被恢复过程同时也是一个十分复杂的植被与土壤协调演变的生态学过程（Jitesh and Amiya，2013；Guo et al.，2011；McCrea et al.，2001）。土壤肥力能够显著影响人为干扰后的植被恢复速度，同时也是反映植被恢复效果的有效指标（Rowland et al.，2009；Duan et al.，2008）。从图 5-7 可以看出，矿山开采后，原有生态系统遭到破坏，土壤极度贫瘠，缺乏氮、磷、钾及有机质等营养物质，给矿区困难生境的植被恢复带来不利的影响。随着群落结构的演变和发展，土壤养分含量明显增加，演替进程更靠后的群落Ⅴ、群落Ⅵ具有较为稳定的土壤养分含量。

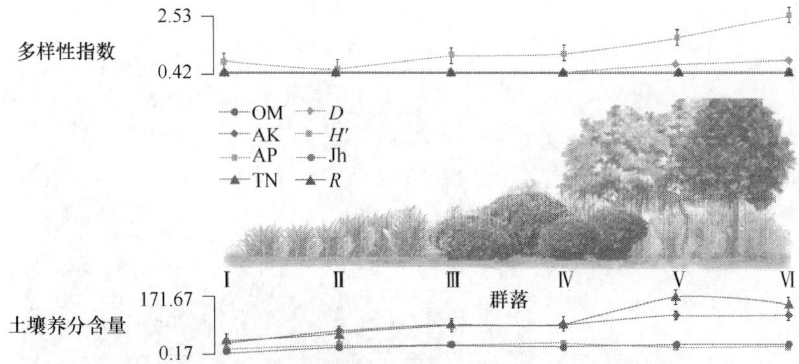

图 5-7 不同演替阶段 6 个群落类型多样性及土壤养分变化趋势（彩图请扫封底二维码）

D 代表 Simpson 多样性指数；*H'*代表 Shannon-Wiener 多样性指数；Jh 代表 Pielou 均匀度指数；*R* 代表 Margalef 丰富度指数；OM 代表土壤有机质含量(g/kg)；AK 代表土壤速效钾含量(mg/kg)；AP 代表土壤有效磷含量(mg/kg)；TN 代表土壤全氮含量（mg/kg）

5.4.4 废弃矿山边坡植被演替规律

房山区周口店镇黄院村采石场属于极端恶劣的困难立地，在这种立地条件下，植物物种选择适当与否直接影响植被恢复效果的好坏（杨修和高林，2001），因此开展废弃矿山边坡的植被演替规律研究具有十分重要的意义。

北京市周口店镇黄院村采石场植被演替初期序列如图 5-8 所示。演替过程分为 4 个阶段：次生裸地阶段、草丛阶段、灌草丛阶段和乔灌草阶段。由于采石活动的影响，植被已经被完全破坏，在极度退化废弃矿山植被恢复初期阶段，应优先栽植灌木或先锋植物，如猪毛菜、高羊茅、紫苜蓿、圆叶牵牛、栾树（*Koelreuteria paniculata*）等。由于演替的各个阶段适生物种生活型不同，物种组成通常由简单到复杂（任海等，2007），经过 3～5 年逐步进入灌草丛阶段，群落环境得到改善，主要植物物种有小花鬼针草、抱茎苦荬菜、猪毛蒿、荆条、猪毛菜、秋英、黄花蒿和艾等。由于在植被恢复初期，采用了有效的边坡防护措施，在 10 年内便形成了乔灌草的群落组合，说明边坡防护措施是影响植被演替的重要因素，即通过改善立地条件，遵循植被演替的基本规律，可加速植被演替进程。随着演替的快速进行，土壤种子库中的活性种子将对演替的发展产生重大影响（Healey and Gara，2003；Grant and Loneragan，2001；Mueller-Dombois，2000）。在此过程中，优先选择适生性强、抗逆性好的植物物种（王晓春等，2007），并引入当地原生植被（如扁担杆、黄栌、酸枣、雀儿舌头等乡土物种）来加速演替进程的发展，还可辅助建立更为稳定的群落结构。桃叶鸦葱+黄栌+大披针薹草-雀儿舌头群落的生长环境因人为干扰较少，植被保存完好，土壤肥力较高，成为采石场困难生境群落结构的最佳配置方式。

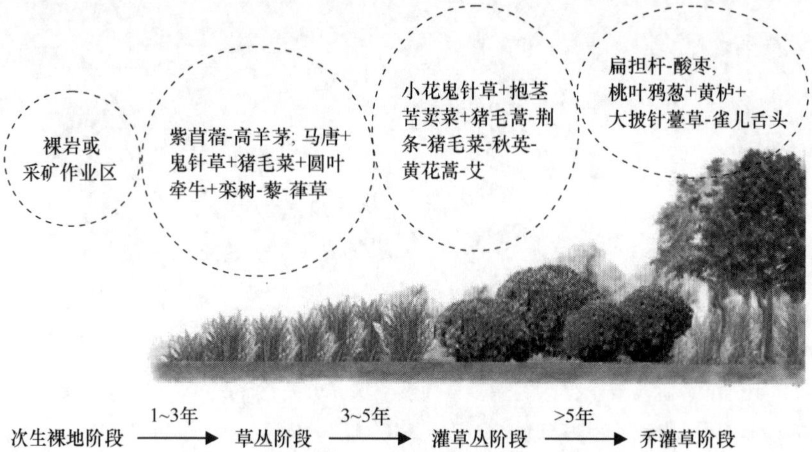

图 5-8　北京市房山区周口店镇黄院村采石场植被演替初期序列（彩图请扫封底二维码）

6 典型边坡生态防护措施水土保持效益研究

生产建设项目的实施易引发水土流失，常以坡面侵蚀、崩塌、滑坡等形式存在。边坡生态防护被公认为是行之有效的水土流失防治手段，但由于生态防护措施类型多样、观测难度大等原因，在现有的研究成果中，鲜少有基于数十种生态防护措施的水土保持效益研究。因此，开展典型生态防护边坡的水土保持效益研究以及对坡面产流-产沙规律分析具有十分重要的意义。

本章旨在阐明边坡生态防护措施的土壤侵蚀机制，以上辛庄水土保持科技示范园区、房山区周口店镇废弃矿山、轻工业环境保护研究所生态修复科研基地生态防护边坡为研究对象，通过收集自然降雨条件下的产流量和产沙量，综合考虑前期含水量、枯落物厚度、植被盖度、土壤有机质含量和总孔隙度等地表特征与径流、泥沙的相互关系，进行生态防护边坡“产流-产沙”关系分析，并建立综合贡献度模型判断边坡生态防护措施对坡面产流和侵蚀产沙的控制效果，最终得出山区岩质边坡 7 种生态防护措施、山区土质边坡 9 种生态防护措施、松散堆积体边坡 4 种生态防护措施以及平原土质边坡 2 种生态防护措施的水土保持效益，为生产建设项目损毁边坡生态防护措施的选择以及水土流失的防治提供科学依据。

6.1 降雨特征分析

6.1.1 降雨统计分析

收集 2008～2014 年共 91 场降雨基础资料，根据自动气象站记录的降雨累计数据，定量描述次降雨特征，见表 6-1。次降雨特征分析有助于理解生态防护

表 6-1 降雨特征值统计

特征值	降雨量/mm	降雨历时/min	平均降雨强度/（mm/h）	30min 最大降雨强度/（mm/h）
样本数	91	91	91	91
均值	23.05	271.56	6.88	14.46
极小值	0.51	21	0.53	1.10
极大值	106.60	992	30.61	61.38
合计	2 097.41	24 711.74	—	—

坡面的产流、产沙水文过程（唐佐芯，2012），对研究降雨条件下的边坡生态防护效果具有十分重要的意义。

对 91 场产流降雨的次降雨特征值（降雨场次、降雨量、降雨历时、平均降雨强度、30min 最大降雨强度）进行统计分析，91 场降雨的总降雨量为 2097.41mm，最小降雨量为 0.51mm，最大降雨量为 106.60mm，平均降雨量为 23.05mm；降雨总历时为 24 711.74min，最小降雨历时 21min，最大降雨历时 992min，平均降雨历时 271.56min；平均降雨强度 6.88mm/h，最小降雨强度 0.53mm/h，最大降雨强度 30.61mm/h；30min 最大降雨强度最小值为 1.10mm/h，最大值为 61.38mm/h，平均值为 14.46mm/h。

根据气象部门相关规定，以日（24 小时）降水量的大小划分降雨标准（刘泉，2013），见表 6-2。小雨是指 24 小时内降水量为 0.1～9.9mm 的雨，中雨为 10～24.9mm，大雨为 25～49.9mm，暴雨为 50～99.9mm，大暴雨为 100～250mm 的雨。

表 6-2　降雨量等级划分标准

降雨类型	日（24 小时）降雨量/mm
小雨	0.1～9.9
中雨	10～24.9
大雨	25～49.9
暴雨	50～99.9
大暴雨	100～250
特大暴雨	＞250

对 2008～2014 年共 91 次产流降雨事件进行统计分析，试验区的降雨类型分布如图 6-1 所示。小雨、中雨、大雨、暴雨、大暴雨次数占降雨总次数的比例分别为 27.14%、47.14%、15.71%、8.57%、1.43%，尤其以中雨的次数最多，小雨

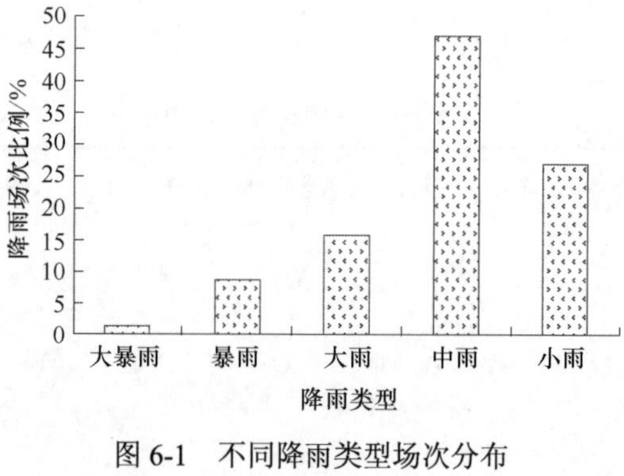

图 6-1　不同降雨类型场次分布

次之，调查观测范围内无特大暴雨发生，大暴雨的发生频次也较低，中雨、小雨是该地区的主要降雨类型，也是对试验区边坡水土流失现象产生较大影响的主要降雨雨型。

将 2008～2014 年 91 场降雨的降雨历时划分为 8 个阶段，分别为≤30min、30～60min（上含下不含，后同）、60～120min、120～240min、240～480min、480～720min、720～960min 和＞960min。2008～2014 年 91 场降雨的降雨历时分布情况如图 6-2 所示。降雨历时≤30min、30～60min、60～120min、120～240min、240～480min、480～720min、720～960min 和＞960min 的降雨次数分别占降雨总次数的比例为 1.43%、7.14%、21.43%、28.57%、28.57%、8.57%、2.86%和 1.43%，降雨历时为 120～480min 的次降雨最多，占总降雨次数的 57.14%，其次是 60～120min，占 21.43%，降雨历时为≤30min 和＞960min 的次降雨最少，均仅占 1.43%，绝大部分降雨历时集中在 30～720min。

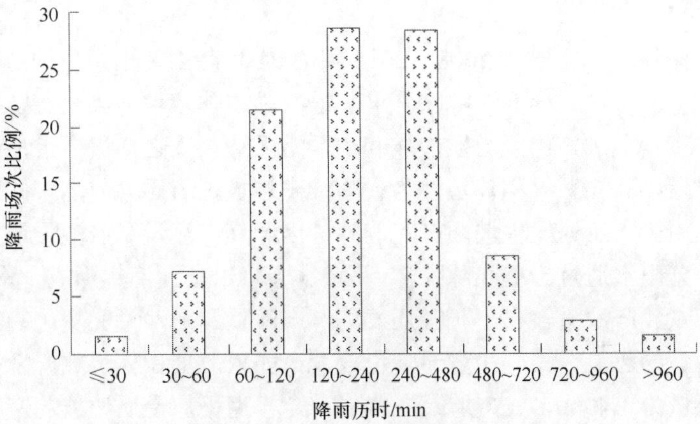

图 6-2　不同降雨历时场次分布

6.1.2　不同降雨类型的土壤侵蚀特征

在划分降雨类型的基础上，本研究分析了 5 种不同降雨类型的土壤侵蚀特征，如图 6-3 所示。从图中可以看出，5 种降雨类型的土壤侵蚀量存在较大差异，而径流系数在 3%～5%浮动。其中，大暴雨产生的土壤侵蚀量最大，数值高达 51.21t/km^2，大暴雨的土壤侵蚀量分别是暴雨、大雨、中雨和小雨的 3.23 倍、24.86 倍、37.11 倍和 128.03 倍；大雨、中雨和小雨的径流系数和土壤侵蚀量数值更为接近，小雨的土壤侵蚀程度最弱。结合降雨特征分析可知，研究区内影响边坡土壤侵蚀的降雨类型主要为降雨历时短、降雨强度大的暴雨和大暴雨，此类降雨的地表产流冲刷力强，对表土破坏严重，更容易形成边坡土壤侵蚀；而小雨产生的土壤侵蚀量极小，因此研究区边坡土壤侵蚀的发生基本不受小雨的影响。

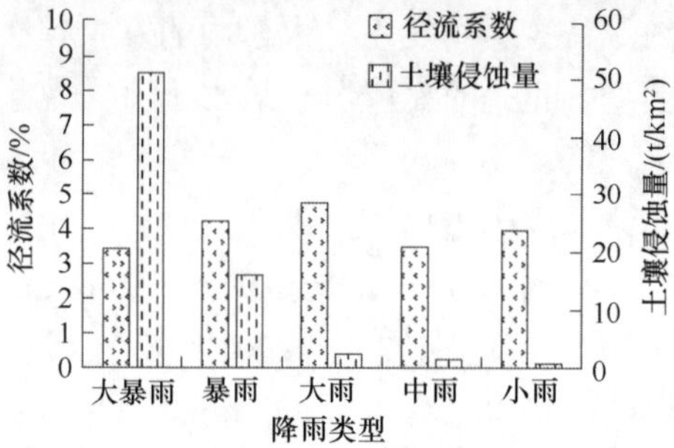

图 6-3　不同降雨类型的径流系数和土壤侵蚀量

6.2　不同边坡生态防护措施的产流产沙

6.2.1　产流产沙分析

实测径流泥沙数据取自 2008～2014 年的 91 场降雨，生态防护边坡产流产沙量统计情况见表 6-3。从表中可以看出，松散堆积体边坡各类生态防护措施的产流量和产沙量均最大，山区岩质边坡和山区土质边坡次之，平原土质边坡的产流量和产沙量最小。松散堆积体边坡为人为堆砌边坡，石砾含量高，孔隙度小，在雨水冲刷作用下，迅速发生坡面产流产沙，因此其产流量和产沙量最大。平原土质边坡大部分雨水通过土壤孔隙入渗，其余水分将沿坡面汇集形成少量地表径流，因此其产流量和产沙量较小。研究还发现，产流量和产沙量的变化趋势相似，具有较大产流量的边坡，其产沙量通常也较大，如松散堆积体边坡椰纤植生毯绿化措施的产流量为 1.40mm，产沙量为 35.87g/m^2，而平原土质边坡的空心六棱砖绿化措施的产流量为 0.56mm，产沙量仅为 1.08g/m^2，这是因为当边坡土壤水分达到饱和之后，才开始以地表径流的方式流出，而产沙量主要受径流携带作用的影响，因此产流量较大的边坡，通常具有较大的产沙量。

表 6-3　生态防护边坡产流产沙量统计表

边坡类型	生态防护措施	产流量/mm	产沙量/（g/m^2）
山区岩质边坡	挂网客土喷播	0.73	2.43
	生态袋	0.77	2.20
	蹄形空心六棱砖	0.87	2.67
	土工格室	0.78	2.04
	土工格栅内置生态袋	0.72	3.25
	砖砌挡土	0.73	3.03
	钻孔绿化	0.89	2.72
	平均	0.78	2.62

续表

边坡类型	生态防护措施	产流量/mm	产沙量/（g/m²）
山区土质边坡	钢筋笼嵌生态袋	0.77	2.30
	浆砌石框格客土	1.05	3.75
	空心六棱砖	0.77	2.13
	连锁砖	0.85	1.36
	排桩挡土	1.03	2.53
	蹄形空心六棱砖	0.77	1.94
	土工格室	0.73	1.00
	椰纤植生毯	0.78	1.66
	植草护坡	0.81	1.55
	平均	0.84	2.02
松散堆积体边坡	波浪形地形整理	2.07	39.50
	生态棒集流挡土	2.15	36.78
	生态袋	1.99	32.24
	椰纤植生毯	1.40	35.87
	平均	1.90	36.10
平原土质边坡	空心六棱砖	0.56	1.08
	蹄形空心六棱砖	0.52	1.00
	平均	0.54	1.04

将生态防护边坡的产流量划分为4级，1级为小于0.5mm，2级为0.5～1.0mm，3级为1.0～2.0mm，4级为大于2mm；将产沙量也划分为4级，1级为小于10g/m²，2级为10～20g/m²，3级为20～30g/m²，4级为大于30g/m²，产流量和产沙量在1级范围内最小，在4级范围内最大。4种边坡类型的产流量多分布在2级和3级，而产沙量集中于1级和4级。同一类型边坡不同生态防护措施的产流产沙量仍存在较大差别，山区岩质边坡7种生态防护措施属于产流量2级和产沙量1级，土工格栅内置生态袋绿化措施的产流量最小，仅为0.72mm，而土工格室绿化措施产沙量最小，为2.04g/m²；山区土质边坡9种生态防护措施分属于产流量2级和3级、产沙量1级，浆砌石框格客土绿化措施的产流量和产沙量最大，分别为1.05mm和3.75g/m²，土工格室绿化措施的产流量和产沙量最小，分别为0.73mm和1.00g/m²；松散堆积体边坡4种生态防护措施分属于产流量3级和4级、产沙量4级，产流量和产沙量偏多，其中椰纤植生毯绿化措施的产流量最小，为1.40mm，生态袋绿化措施的产沙量最小，为32.24g/m²；平原土质边坡属于产流量2级和产沙量1级，蹄形空心六棱砖绿化措施的产流量与产沙量均小于空心六棱砖绿化措施。针对不同边坡特点及生态防护措施的施工要求，选择最适宜的生态防护措施才能保证达到最好的水土流失防治效果。

6.2.2　降雨因子与产流产沙的回归分析

6.2.2.1　降雨因子与产流量的回归分析

降雨因子与产流量存在一定的相关性，但受许多其他因素的影响，相关关系也随之变化（樊登星，2014；李香云，2008）。因此本研究选取降雨量、降雨历时和降雨强度 3 个指标，分析不同降雨因子与产流量的相关关系，见表 6-4。4 种边坡类型涉及的 16 种生态防护措施中，产流量与降雨量、降雨历时均呈正相关，其中产流量与降雨量为极显著性正相关，即产流量随着降雨量的增加而迅速增加，说明降雨量是径流产生的主要原因，对产流量起决定性作用；产流量与降雨强度多呈负相关，且相关性多不显著。通常来说当降雨量足够大，且降雨强度大于土壤下渗能力时，坡面产流发生。试验区降雨类型以中雨为主，降雨历时以 120～480min 的降雨次数最多，同一场次降雨过程中，虽然降雨强度变化较大，但产流量受降雨量大小的影响更为显著，而受降雨强度的影响不大。

表 6-4　北京地区不同生态防护边坡产流量与降雨因子的回归分析

边坡类型	生态防护措施	变量	非标准化系数		标准系数	显著性
			回归系数	标准误差		
山区岩质边坡	挂网客土喷播	降雨量	0.037	0.008	0.803	0.000
		降雨历时	0.028	0.035	0.183	0.447
		降雨强度	–0.006	0.016	–0.073	0.711
	生态袋	降雨量	0.034	0.003	0.944	0.000
		降雨历时	0.007	0.012	0.055	0.603
		降雨强度	–0.007	0.006	–0.105	0.248
	蹄形空心六棱砖	降雨量	0.042	0.003	0.973	0.000
		降雨历时	0.000	0.014	0.002	0.985
		降雨强度	–0.011	0.007	–0.140	0.124
	土工格室	降雨量	0.041	0.004	1.005	0.000
		降雨历时	0.016	0.018	0.113	0.400
		降雨强度	–0.023	0.008	–0.304	0.021
	土工格栅内置生态袋	降雨量	0.036	0.006	0.870	0.000
		降雨历时	0.012	0.026	0.088	0.652
		降雨强度	–0.014	0.012	–0.182	0.277
	砖砌挡土	降雨量	0.039	0.005	0.897	0.000
		降雨历时	0.009	0.021	0.060	0.694
		降雨强度	–0.018	0.010	–0.227	0.101

续表

边坡类型	生态防护措施	变量	非标准化系数		标准系数	显著性
			回归系数	标准误差		
山区岩质边坡	钻孔绿化	降雨量	0.045	0.004	0.956	0.000
		降雨历时	0.002	0.016	0.011	0.911
		降雨强度	–0.018	0.007	–0.201	0.037
山区土质边坡	钢筋笼嵌生态袋	降雨量	0.035	0.006	0.935	0.000
		降雨历时	0.003	0.024	0.027	0.891
		降雨强度	–0.003	0.011	–0.045	0.781
	浆砌石框格客土	降雨量	0.052	0.004	1.005	0.000
		降雨历时	0.006	0.016	0.035	0.716
		降雨强度	–0.007	0.007	–0.074	0.368
	空心六棱砖	降雨量	0.033	0.005	0.867	0.000
		降雨历时	0.019	0.023	0.145	0.434
		降雨强度	–0.002	0.010	–0.030	0.843
	连锁砖	降雨量	0.038	0.007	0.870	0.000
		降雨历时	0.017	0.031	0.117	0.587
		降雨强度	–0.002	0.014	–0.025	0.888
	排桩挡土	降雨量	0.050	0.005	0.934	0.000
		降雨历时	0.009	0.023	0.049	0.713
		降雨强度	–0.013	0.010	–0.137	0.236
	蹄形空心六棱砖	降雨量	0.037	0.012	0.866	0.000
		降雨历时	0.016	0.051	0.109	0.768
		降雨强度	–0.012	0.023	–0.149	0.630
	土工格室	降雨量	0.037	0.007	0.909	0.001
		降雨历时	0.005	0.029	0.034	0.876
		降雨强度	–0.008	0.013	–0.105	0.571
	椰纤植生毯	降雨量	0.037	0.009	0.771	0.000
		降雨历时	0.037	0.040	0.227	0.383
		降雨强度	–0.001	0.018	–0.009	0.968
	植草护坡	降雨量	0.036	0.008	0.845	0.000
		降雨历时	0.020	0.033	0.135	0.574
		降雨强度	–0.001	0.015	–0.011	0.957
松散堆积体边坡	波浪形地形整理	降雨量	0.030	0.000	1.005	0.002
		降雨历时	0.001	0.001	0.003	0.233
		降雨强度	0.001	0.001	0.001	0.289

续表

边坡类型	生态防护措施	变量	非标准化系数		标准系数	显著性
			回归系数	标准误差		
松散堆积体边坡	生态棒集流挡土	降雨量	0.044	0.000	0.996	0.003
		降雨历时	0.001	0.001	0.003	0.231
		降雨强度	–0.002	0.005	–0.001	0.286
	生态袋	降雨量	0.043	0.000	1.001	0.002
		降雨历时	0.000	0.001	0.001	0.847
		降雨强度	0.001	0.006	0.001	0.934
	椰纤植生毯	降雨量	0.030	0.000	1.005	0.000
		降雨历时	0.001	0.001	0.003	0.389
		降雨强度	–0.002	0.001	–0.003	0.116
平原土质边坡	空心六棱砖	降雨量	0.031	0.000	0.974	0.000
		降雨历时	0.001	0.001	0.018	0.094
		降雨强度	–0.002	0.001	–0.028	0.135
	蹄形空心六棱砖	降雨量	0.030	0.000	1.012	0.000
		降雨历时	0.001	0.001	0.009	0.412
		降雨强度	–0.001	0.001	–0.013	0.494

6.2.2.2 降雨因子与产沙量的回归分析

生态防护边坡的水土流失是生产建设项目急需解决的难点，易造成土地生产力下降，诱发滑坡、崩塌等地质灾害（Lin et al.，2006；Sidle et al.，2006；Gray and Sotir，1992），因而减少产沙量是水土流失防治的重中之重。北京地区生态防护边坡降雨因子与产沙量的回归分析见表 6-5。降雨量与产沙量的相关性最好，两者多呈显著正相关关系，说明产沙量在一定程度上受降雨量多少的影响，降雨量增加，产沙量也随之增加，当降雨量较大时，边坡土壤侵蚀过程更剧烈。降雨历时和降雨强度与产沙量的相关性较差，其中降雨历时与产沙量呈正相关，而降雨强度与产沙量多呈负相关，且相关性不显著，即产沙量的多少受降雨历时和降雨强度的影响较小。

表 6-5 北京地区不同生态防护边坡产沙量与降雨因子的回归分析

边坡类型	生态防护措施	变量	非标准化系数		标准系数	显著性
			回归系数	标准误差		
山区岩质边坡	挂网客土喷播	降雨量	0.221	0.087	0.723	0.034
		降雨历时	0.149	0.372	0.144	0.700

续表

边坡类型	生态防护措施	变量	非标准化系数		标准系数	显著性
			回归系数	标准误差		
山区岩质边坡		降雨强度	–0.006	0.169	–0.011	0.972
	生态袋	降雨量	0.309	0.088	0.832	0.008
		降雨历时	0.055	0.379	0.044	0.888
		降雨强度	–0.086	0.172	–0.126	0.628
	蹄形空心六棱砖	降雨量	0.319	0.091	0.838	0.008
		降雨历时	0.025	0.390	0.019	0.950
		降雨强度	–0.120	0.177	–0.171	0.518
	土工格室	降雨量	0.267	0.097	0.764	0.025
		降雨历时	0.091	0.416	0.077	0.833
		降雨强度	–0.063	0.189	–0.098	0.747
	土工格栅内置生态袋	降雨量	0.273	0.094	0.781	0.020
		降雨历时	0.067	0.405	0.057	0.872
		降雨强度	–0.088	0.184	–0.137	0.644
	砖砌挡土	降雨量	0.218	0.106	0.653	0.073
		降雨历时	0.183	0.454	0.162	0.697
		降雨强度	–0.023	0.206	–0.038	0.913
	钻孔绿化	降雨量	0.368	0.129	0.758	0.021
		降雨历时	0.191	0.554	0.117	0.739
		降雨强度	–0.058	0.251	–0.065	0.823
山区土质边坡	钢筋笼嵌生态袋	降雨量	0.156	0.062	0.737	0.036
		降雨历时	0.060	0.267	0.084	0.828
		降雨强度	–0.035	0.121	–0.090	0.779
	浆砌石框格客土	降雨量	0.282	0.146	0.715	0.090
		降雨历时	0.226	0.628	0.169	0.728
		降雨强度	–0.169	0.285	–0.233	0.569
	空心六棱砖	降雨量	0.184	0.073	0.825	0.036
		降雨历时	0.157	0.313	0.208	0.629
		降雨强度	–0.115	0.142	–0.279	0.443
	连锁砖	降雨量	0.093	0.035	0.741	0.030
		降雨历时	0.043	0.152	0.100	0.786
		降雨强度	–0.022	0.069	–0.096	0.755
	排桩挡土	降雨量	0.130	0.062	0.671	0.067
		降雨历时	0.082	0.264	0.125	0.765

续表

边坡类型	生态防护措施	变量	非标准化系数		标准系数	显著性
			回归系数	标准误差		
山区土质边坡	蹄形空心六棱砖	降雨强度	–0.025	0.120	–0.070	0.840
		降雨量	0.145	0.059	0.727	0.039
		降雨历时	0.023	0.253	0.034	0.929
		降雨强度	–0.089	0.115	–0.242	0.462
	土工格室	降雨量	0.170	0.054	0.796	0.014
		降雨历时	0.040	0.232	0.055	0.868
		降雨强度	–0.068	0.105	–0.172	0.538
	椰纤植生毯	降雨量	0.090	0.039	0.704	0.051
		降雨历时	0.039	0.169	0.091	0.821
		降雨强度	–0.026	0.077	–0.111	0.742
	植草护坡	降雨量	0.061	0.030	0.638	0.076
		降雨历时	0.053	0.130	0.161	0.696
		降雨强度	–0.020	0.059	–0.115	0.738
松散堆积体边坡	波浪形地形整理	降雨量	0.580	0.239	0.864	0.051
		降雨历时	0.014	0.030	0.057	0.662
		降雨强度	0.434	1.302	0.102	0.750
	生态棒集流挡土	降雨量	0.730	0.200	0.951	0.041
		降雨历时	0.007	0.025	0.024	0.803
		降雨强度	0.162	1.090	0.034	0.886
	生态袋	降雨量	0.589	0.181	0.668	0.058
		降雨历时	0.022	0.023	0.070	0.570
		降雨强度	1.703	0.989	0.306	0.136
	椰纤植生毯	降雨量	0.692	0.189	0.870	0.061
		降雨历时	0.015	0.024	0.054	0.545
		降雨强度	0.515	1.033	0.103	0.636
平原土质边坡	空心六棱砖	降雨量	0.067	0.025	1.043	0.002
		降雨历时	0.000	0.001	0.056	0.899
		降雨强度	–0.013	0.031	–0.101	0.687
	蹄形空心六棱砖	降雨量	0.089	0.031	1.522	0.005
		降雨历时	0.002	0.002	0.606	0.332
		降雨强度	–0.046	0.039	–0.390	0.274

6.3　生态防护边坡产流-产沙关系

厘清产流-产沙关系能更好地理解生态防护边坡的水土流失规律（方怒放，2012；Nadal-Romero et al.，2008；Zabaleta et al.，2007）。从表 6-6 可以看出，产流量与产沙量具有较好的相关性，多数生态防护边坡的决定系数（R^2）大于 0.90，其中山区岩质边坡生态袋、蹄形空心六棱砖、土工格室、土工格栅内置生态袋、钻孔绿化、砖砌挡土绿化措施，山区土质边坡浆砌石框格客土、连锁砖、蹄形空心六棱砖、土工格室、椰纤植生毯绿化措施，以及平原土质边坡空心六棱砖和蹄形空心六棱砖绿化措施的决定系数均大于 0.95，说明产流量与产沙量具有较好的相关性，随着产流量的增加，产沙量也增加；而山区岩质边坡挂网客土喷播绿化措施，山区土质边坡钢筋笼嵌生态袋、排桩挡土、植草护坡绿化措施，以及松散堆积体边坡波浪形地形整理和生态袋绿化措施的决定系数为 0.70～0.90，产流量与产沙量的相关性较弱，这是由于在坡面产流产沙过程中受到生态防护措施、土壤孔隙度、降雨强度、土壤含水量等许多因素的影响（Zokaib and Naser，2012）。

表 6-6　生态防护边坡产沙量与产流量的拟合回归方程

边坡类型	生态防护措施	回归方程	R^2
山区岩质边坡	挂网客土喷播	$SL=6.3931RL^2-12.3720RL+3.9444$	0.8167
	生态袋	$SL=6.8363RL^2-9.9531RL+3.1070$	0.9575
	蹄形空心六棱砖	$SL=4.6324RL^2-6.3321RL+1.9804$	0.9669
	土工格室	$SL=4.9268RL^2-7.4869RL+2.3429$	0.9747
	土工格栅内置生态袋	$SL=5.7818RL^2-6.2666RL+1.6822$	0.9961
	砖砌挡土	$SL=3.5771RL^2-2.7861RL+1.0952$	0.9724
	钻孔绿化	$SL=3.0203RL^2-3.6111RL+1.4452$	0.9882
山区土质边坡	钢筋笼嵌生态袋	$SL=-1.1689RL^2+6.4539RL-1.4515$	0.7097
	浆砌石框格客土	$SL=5.5767RL^2-10.7020RL+4.2283$	0.9610
	空心六棱砖	$SL=2.6553RL^2-2.1075RL+0.9579$	0.9496
	连锁砖	$SL=2.0911RL^2-3.0504RL+1.2008$	0.9948
	排桩挡土	$SL=1.4772RL^2-2.0257RL+1.7438$	0.8614
	蹄形空心六棱砖	$SL=2.0783RL^2-1.0687RL+0.3741$	0.9575
	土工格室	$SL=1.5654RL^2-1.8933RL+0.7537$	0.9880
	椰纤植生毯	$SL=1.4071RL^2-0.9177RL+0.5254$	0.9860
	植草护坡	$SL=1.0371RL^2-0.3988RL+0.5984$	0.8314

续表

边坡类型	生态防护措施	回归方程	R^2
松散堆积体边坡	波浪形地形整理	$SL=8.0654RL^2-22.4740RL+34.5520$	0.8839
	生态棒集流挡土	$SL=9.1851RL^2-22.9920RL+22.9850$	0.9346
	生态袋	$SL=8.3503RL^2-16.1020RL+15.0350$	0.8026
	椰纤植生毯	$SL=8.3565RL^2-5.7586RL+19.5400$	0.9005
平原土质边坡	空心六棱砖	$SL=0.2707RL^2+1.6198RL+0.0512$	0.9627
	蹄形空心六棱砖	$SL=1.2540RL^2+0.5040RL+0.2501$	0.9670

注：SL 代表产沙量（g/m^2）；RL 代表产流量（mm）

6.4 地表特征对坡面产流产沙的影响

为探究影响地表产流、产沙的主要影响因素，利用灰色关联理论，对房山区周口店镇废弃矿山、上辛庄水土保持科技示范园区以及轻工业环境保护研究所生态修复科研基地的生态防护边坡各地表特征因素进行灰色关联分析。5 个地表特征因素分别是前期含水量、枯落物厚度、植被盖度、有机质含量和总孔隙，对照参数设置为产流量和产沙量，分析边坡地表特征对坡面产流产沙的影响。

6.4.1 灰色关联系数和关联度的计算

灰色关联分析是一种利用特定的数学模型通过寻求子集中各影响因素之间的相互关系，并定量描述各影响因素对主行为贡献测度的系统分析方法（吴海龙等，2014；金秀良等，2012；邓聚龙，1988）。

设 $x_1, x_2, \cdots, x_n$ 为 n 个与产流量、产沙量相关性较大的地表特征因素，用数据列$\{x_1(t)\}, \{x_2(t)\}, \cdots, \{x_n(t)\}$，$t=1, 2, \cdots, M$ 反映 n 个地表特征因素的变化特性，用$\xi_{ij}(t)$表达因素 x_j 对 x_i 的关联系数，计算公式为

$$\xi_{ij}(t)=\frac{\min_i \min_j \Delta_{ij}(t)+\rho \max_i \max_j \Delta_{ij}(t)}{\Delta_{ij}(t)+\rho \max_i \max_j \Delta_{ij}(t)} \tag{6-1}$$

式中，$\xi_{ij}(t)$为 x_j 对 x_i 的关联系数；$\Delta_{ij}(t)$是比较数列（地表特征因素数据集）与参考数列（单一地表特征因素数据）各对应点的绝对差值；ρ 为分辨系数，通常为 0.5（徐之华和黄健民，2002）。

地表特征因素 n 代表前期含水量、枯落物厚度、植被盖度、土壤有机质含量和总孔隙度各因素，分别用数字 1～5 表示，$n=1, 2, 3, 4, 5$；$t=1, 2, 3, \cdots, 20$，代表 1 号至 20 号生态防护边坡。

灰色关联度（λ_{ij}）通常用平权处理求得，计算公式为

$$\lambda_{ij} = \frac{1}{n}\sum_{k=1}^{n}\xi_{ij}(t) \tag{6-2}$$

采用平权处理消除参数间量纲的不同，按照式（6-2）计算新的参数序列，得出各地表特征因素与产流量、产沙量间的灰色关联度。

6.4.2 地表特征对产流量的影响

表 6-7 的灰色关联度可用来描述各地表特征因素与产流量的灰色关联程度（王晓东等，2008；李香云和王玉杰，2007）。从表中可以看出，前期含水量、枯落物厚度、植被盖度、土壤有机质含量及总孔隙度等地表特征因素对坡面产流量的影响程度均处于较高水平，除枯落物厚度外，灰色关联度均值都在 0.70 以上，其中植被盖度和土壤有机质含量的灰色关联度均值均为 0.72，前期含水量的灰色关联度均值为 0.74，总孔隙度的灰色关联度均值最高，达到 0.79。各地表特征因素与坡面产流量的灰色关联度由大到小的顺序为：总孔隙度＞前期含水量＞植被盖度=土壤有机质含量＞枯落物厚度。从不同边坡类型的灰色关联度来看，山区土质边坡和山区岩质边坡地表特征因素与产流量的灰色关联度较大，松散堆积体边坡的最小。

表 6-7 各地表特征因素与产流量的灰色关联度

边坡类型	生态防护措施	前期含水量	枯落物厚度	植被盖度	土壤有机质含量	总孔隙度
山区土质边坡	植草护坡	1.00	1.00	1.00	1.00	1.00
	土工格室	0.77	0.83	0.71	0.84	1.00
	椰纤植生毯	0.94	0.82	0.91	0.97	0.90
	钢筋笼嵌生态袋	0.82	0.46	0.92	0.88	0.98
	空心六棱砖	0.97	0.86	0.73	0.67	0.96
	连锁砖	0.67	0.76	0.71	0.78	0.93
	排桩挡土	0.88	0.61	0.58	0.55	0.84
	蹄形空心六棱砖	0.75	0.90	0.87	0.61	0.92
	浆砌石框格客土	0.73	0.43	0.67	0.67	0.66
	平均	0.84	0.74	0.79	0.77	0.91
山区岩质边坡	钻孔绿化	0.69	0.89	0.61	0.95	0.73
	生态袋	0.74	0.49	0.85	0.90	0.83
	挂网客土喷播	0.85	0.58	0.99	0.83	0.96
	砖砌挡土	0.89	0.46	0.92	0.84	0.95

续表

边坡类型	生态防护措施	前期含水量	枯落物厚度	植被盖度	土壤有机质含量	总孔隙度
山区岩质边坡	土工格栅内置生态袋	0.96	0.55	0.93	0.78	0.92
	蹄形空心六棱砖	0.98	0.70	0.57	0.84	0.78
	土工格室	0.63	0.65	0.90	0.75	0.90
	平均	0.82	0.62	0.83	0.84	0.87
松散堆积体边坡	波浪形地形整理	0.34	0.35	0.33	0.33	0.34
	生态棒集流挡土	0.33	0.33	0.42	0.34	0.33
	生态袋	0.37	0.37	0.44	0.39	0.37
	椰纤植生毯	0.52	0.51	0.59	0.51	0.49
	平均	0.39	0.39	0.45	0.39	0.38
平原土质边坡	空心六棱砖	0.81	0.98	0.58	0.64	0.81
	蹄形空心六棱砖	0.73	0.85	0.58	0.71	0.83
	平均	0.77	0.91	0.58	0.67	0.82
各类边坡地表特征因素总体平均		0.74	0.65	0.72	0.72	0.79

6.4.3 地表特征对产沙量的影响

各地表特征因素与产沙量的灰色关联度见表 6-8。从表中可以看出，各地表特征因素对产沙量的影响弱于产流量，且 5 个地表特征因素对产沙量的影响差别较小，前期含水量、枯落物厚度、植被盖度、土壤有机质含量和总孔隙度与产沙量的灰色关联度均值分别为 0.57、0.60、0.58、0.56 和 0.64。各地表特征因素与坡面产沙量的灰色关联度由大到小的顺序为：总孔隙度＞枯落物厚度＞植被盖度＞前期含水量＞土壤有机质含量，即总孔隙度对产沙量的影响最大，而土壤有机质含量对产沙量的影响最小。从不同边坡类型的灰色关联度来看，山区土质边坡和平原土质边坡各地表特征与产沙量的灰色关联度高于山区岩质边坡和松散堆积体边坡。

表 6-8　各地表特征因素与产沙量的灰色关联度

边坡类型	生态防护措施	前期含水量	枯落物厚度	植被盖度	土壤有机质含量	总孔隙度
山区土质边坡	植草护坡	1.00	1.00	1.00	1.00	1.00
	土工格室	0.57	0.53	0.54	0.62	0.76

续表

边坡类型	生态防护措施	前期含水量	枯落物厚度	植被盖度	土壤有机质含量	总孔隙度
山区土质边坡	椰纤植生毯	0.81	0.80	0.79	0.84	0.98
	钢筋笼嵌生态袋	0.50	0.40	0.65	0.52	0.60
	空心六棱砖	0.66	0.71	0.50	0.44	0.63
	连锁砖	0.69	0.74	0.75	0.61	0.77
	排桩挡土	0.60	0.33	0.42	0.37	0.60
	蹄形空心六棱砖	0.57	0.61	0.92	0.44	0.71
	浆砌石框格客土	0.33	0.57	0.33	0.58	0.33
	平均	0.64	0.63	0.66	0.60	0.71
山区岩质边坡	钻孔绿化	0.41	0.41	0.38	0.52	0.44
	生态袋	0.47	0.43	0.56	0.56	0.54
	挂网客土喷播	0.47	0.76	0.56	0.45	0.53
	砖砌挡土	0.39	0.61	0.42	0.38	0.44
	土工格栅内置生态袋	0.38	0.70	0.43	0.33	0.41
	蹄形空心六棱砖	0.54	0.78	0.36	0.47	0.46
	土工格室	0.44	0.66	0.64	0.51	0.76
	平均	0.44	0.62	0.48	0.46	0.51
松散堆积体边坡	波浪形地形整理	0.51	0.37	0.45	0.42	0.58
	生态棒集流挡土	0.50	0.34	0.48	0.45	0.58
	生态袋	0.57	0.40	0.53	0.56	0.65
	椰纤植生毯	0.88	0.63	0.71	0.73	0.86
	平均	0.62	0.44	0.54	0.54	0.67
平原土质边坡	空心六棱砖	0.67	0.62	0.66	0.70	0.69
	蹄形空心六棱砖	0.63	0.86	0.76	0.73	0.76
	平均	0.65	0.74	0.71	0.72	0.73
各类边坡地表特征因素总体平均		0.57	0.60	0.58	0.56	0.64

6.5 典型边坡生态防护措施的水土保持效益

6.5.1 模型的建立

边坡生态防护措施对坡面产流和侵蚀产沙的影响程度可通过建立综合贡献度模型来度量（张艳等，2014）。减流效益（$P_{\rm ri}$）和减沙效益（$P_{\rm si}$）的计算公式为

$$P_{\mathrm{ri}}=\frac{Q_{\mathrm{b}}-Q_{\mathrm{m}}}{Q_{\mathrm{b}}} \tag{6-3}$$

$$P_{\mathrm{si}}=\frac{S_{\mathrm{b}}-S_{\mathrm{m}}}{S_{\mathrm{b}}} \tag{6-4}$$

式中，Q_{b} 和 Q_{m} 分别是无生态防护措施和有生态防护措施的产流量（mm）；S_{b} 和 S_{m} 分别是无生态防护措施和有生态防护措施的产沙量（$\mathrm{g/m^2}$）。

减流效益和减沙效益数值范围为 0～1，数值越大，表明边坡生态防护措施对坡面产流和侵蚀产沙的降低效果越好。根据 P_{ri} 和 P_{si} 数值的大小，采用等差赋值法对生态防护措施的减流效益和减沙效益提出评判标准，见表 6-9。

表 6-9　减流效益、减沙效益评判标准

P_{ri}	P_{si}	等级
$0.00<P_{\mathrm{ri}}\leqslant0.25$	$0.00<P_{\mathrm{si}}\leqslant0.25$	1 级
$0.25<P_{\mathrm{ri}}\leqslant0.50$	$0.25<P_{\mathrm{si}}\leqslant0.50$	2 级
$0.50<P_{\mathrm{ri}}\leqslant0.75$	$0.50<P_{\mathrm{si}}\leqslant0.75$	3 级
$0.75<P_{\mathrm{ri}}<1.00$	$0.75<P_{\mathrm{si}}<1.00$	4 级

边坡生态防护的综合贡献度（P）计算公式为

$$P=\alpha P_{\mathrm{ri}}+\beta P_{\mathrm{si}} \tag{6-5}$$

式中，α、β 为待定权数，由于坡面产流和侵蚀产沙对评价边坡生态防护效果同等重要，所以 $\alpha=\beta=1/2$。

6.5.2　减流效益与减沙效益

根据区域水土流失特点，合理选择边坡生态防护措施是最有效、最根本的水土流失防治方法。由于边坡生态防护措施的水土流失防治机理不同，造成径流和泥沙的防治效果差异较大，因此本研究将 16 种生态防护措施的减流效益、减沙效益进行了统计分析，见表 6-10 和表 6-11。从表中可知生态防护边坡的减流效益与减沙效益处于 0.31～0.77 范围，即生态防护边坡的产流量、产沙量总体上小于无生态防护措施边坡，说明使用生态防护措施可有效降低坡面产流量和侵蚀产沙量，使边坡水土流失现象得到明显改善。

减流效益的等级标准为 2 级和 3 级，属于 3 级减流效益的生态防护措施仅占 31.25%，68.75%的生态防护措施的减流效益属于 2 级标准。减流效益最好的生态防护措施是椰纤植生毯绿化措施（减流效益为 0.55），其次是挂网客土喷播和土工格栅内置生态袋绿化措施（减流效益均为 0.53），最差的是浆砌石框格客土绿化措施（减流效益为 0.31）。

表 6-10 典型生态防护措施的减流效益

生态防护措施	减流效益	等级
浆砌石框格客土	0.31	2 级
排桩挡土	0.33	2 级
生态棒集流挡土	0.39	2 级
波浪形地形整理	0.41	2 级
钻孔绿化	0.42	2 级
连锁砖	0.45	2 级
生态袋	0.47	2 级
植草护坡	0.47	2 级
空心六棱砖	0.47	2 级
蹄形空心六棱砖	0.47	2 级
钢筋笼嵌生态袋	0.50	2 级
土工格室	0.51	3 级
砖砌挡土	0.52	3 级
挂网客土喷播	0.53	3 级
土工格栅内置生态袋	0.53	3 级
椰纤植生毯	0.55	3 级

表 6-11 典型生态防护措施的减沙效益

生态防护措施	减沙效益	等级
浆砌石框格客土	0.36	2 级
波浪形地形整理	0.41	2 级
土工格栅内置生态袋	0.45	2 级
生态棒集流挡土	0.45	2 级
砖砌挡土	0.48	2 级
钻孔绿化	0.54	3 级
排桩挡土	0.57	3 级
生态袋	0.57	3 级
挂网客土喷播	0.59	3 级
椰纤植生毯	0.59	3 级
钢筋笼嵌生态袋	0.61	3 级
蹄形空心六棱砖	0.64	3 级
空心六棱砖	0.65	3 级
植草护坡	0.74	3 级
土工格室	0.74	3 级
连锁砖	0.77	4 级

减沙效益的等级以 2 级和 3 级居多，4 级仅出现 1 次。生态防护措施的减沙效益属于 3 级的占 62.50%，2 级占 31.25%，4 级仅占 6.25%。连锁砖绿化措施的减沙效益最好，达到 0.77；其次是土工格室和植草护坡绿化措施，减沙效益均为 0.74；浆砌石框格客土绿化措施的减沙效益最差，仅为 0.36。

土工格室、挂网客土喷播和椰纤植生毯绿化措施的减流效益和减沙效益均为 3 级，具有较好地防治边坡水土流失的功能；浆砌石框格客土、生态棒集流挡土和波浪形地形整理绿化措施的减沙效益和减流效益均为 2 级，说明这 3 种生态防护措施能够起一定的减流、减沙作用，但效果不明显；减沙效益优于减流效益的生态防护措施有 8 种，分别是排桩挡土、钻孔绿化、连锁砖、生态袋、植草护坡、空心六棱砖、蹄形空心六棱砖、钢筋笼嵌生态袋绿化措施；减流效益优于减沙效益的生态防护措施有 2 种，分别为砖砌挡土和土工格栅内置生态袋绿化措施。

6.5.3　生态防护边坡水土保持效益

生态防护边坡的水土流失是生产建设项目急需解决的难点，易造成土地生产力下降，严重威胁人类的生存环境，影响生态环境的健康发展。现有边坡生态防护措施类型多样、恢复效果差异化显著，急需探索适宜的恢复手段，实现边坡植被恢复，控制或减缓水土流失的发生（张艳等，2013b）。本研究利用径流和泥沙基础测量数据建立综合贡献度模型，评价典型边坡生态防护措施的水土保持效益。

综合贡献度范围为 0～1，值越大，表明边坡生态防护措施的保水保土效果越好。从表 6-12 可以看出，不同生态防护边坡的水土流失防治效果存在差异。山区岩质边坡 7 种生态防护措施水土流失防治效果的排序为：土工格室绿化措施＞生态袋绿化措施=挂网客土喷播绿化措施＞砖砌挡土绿化措施＞土工格栅内置生态袋绿化措施=蹄形空心六棱砖绿化措施＞钻孔绿化措施。土工格室绿化措施的防护效果最佳，钻孔绿化措施的防护效果最差，综合贡献度仅为 0.48。

表 6-12　典型边坡生态防护措施的水土保持效益

边坡类型	生态防护措施	综合贡献度	排名
山区岩质边坡	挂网客土喷播	0.56	2
	生态袋	0.56	2
	蹄形空心六棱砖	0.49	4
	土工格室	0.57	1
	土工格栅内置生态袋	0.49	4
	砖砌挡土	0.50	3
	钻孔绿化	0.48	5

续表

边坡类型	生态防护措施	综合贡献度	排名
山区土质边坡	钢筋笼嵌生态袋	0.55	6
	浆砌石框格客土	0.34	8
	空心六棱砖	0.57	5
	连锁砖	0.61	2
	排桩挡土	0.45	7
	蹄形空心六棱砖	0.58	4
	土工格室	0.68	1
	椰纤植生毯	0.61	2
	植草护坡	0.60	3
松散堆积体边坡	波浪形地形整理	0.41	4
	生态棒集流挡土	0.42	3
	生态袋	0.47	2
	椰纤植生毯	0.53	1
平原土质边坡	空心六棱砖	0.56	2
	蹄形空心六棱砖	0.59	1

山区土质边坡 9 种生态防护措施水土流失防治效果的排序为：土工格室绿化措施＞连锁砖绿化措施=椰纤植生毯绿化措施＞植草护坡绿化措施＞蹄形空心六棱砖绿化措施＞空心六棱砖绿化措施＞钢筋笼嵌生态袋绿化措施＞排桩挡土绿化措施＞浆砌石框格客土绿化措施。土工格室绿化措施、连锁砖绿化措施、椰纤植生毯绿化措施、植草护坡绿化措施具有较好的水土流失防治效果，综合贡献度分别为 0.68、0.61、0.61 和 0.60，而浆砌石框格客土绿化措施的水土流失防治效果较差，综合贡献度仅为 0.34。

松散堆积体边坡生态防护措施水土流失防治效果的排序为：椰纤植生毯绿化措施＞生态袋绿化措施＞生态棒集流挡土绿化措施＞波浪形地形整理绿化措施。椰纤植生毯绿化措施的水土流失防治效果最佳，综合贡献度为 0.53。

平原土质边坡蹄形空心六棱砖绿化措施的水土保持防治效果优于空心六棱砖绿化措施，综合贡献度分别为 0.59 和 0.56。

7 典型边坡生态防护效果综合评价与植物选配

为了开展典型边坡生态防护效果综合评价研究，探究土壤特性与植被生长效果的响应关系，本研究以北京地区高速公路、房山区周口店镇废弃矿山、上辛庄水土保持科技示范园区以及轻工业环境保护研究所生态修复科研基地239个生态防护边坡为评价对象，构建了5种模式的植被-土壤系统耦合度及其预测模型，评价山区岩质边坡、山区土质边坡、松散堆积体边坡以及平原土质边坡的综合防护效果。将物种重要值作为生态位的计测指标，对其重要值、生态位宽度和生态位重叠特征进行分析，筛选出30种生态防护边坡适宜植物。结合前文研究结果概括得出4类典型边坡的适宜植物群落配置。

7.1 评价指标体系的建立与权重的确定

构建能够反映生态防护边坡植被恢复程度的2级层次的评价指标，使用层次分析法计算植被与土壤两个子系统中各评价指标的权重，采用1～9比较尺度构造对比矩阵（万年峰等，2005；孙霞等，2004），通过一致性检验后按照组合权向量表示的结果进行分析（陈萍和陈晓玲，2011），计算得出表7-1中各因子的权重。

表7-1 植被-土壤系统耦合协调综合评价层次结构体系及指标权重

目标层	指标层				综合权重
	1级指标	权重	2级指标	权重	
植被综合评价函数（VCE）	数量特征	0.1420	植被盖度	0.7500	0.0999
			物种数	0.2500	0.0421
	植被多样性	0.8580	Pielou均匀度指数	0.1666	0.1586
			Margalef丰富度指数	0.2802	0.2491
			Simpson多样性指数	0.0680	0.0617
			Shannon-Wiener多样性指数	0.4852	0.3886
土壤综合评价函数（SCE）	化学特性	0.1157	有机质含量	0.0303	0.0035
			全氮含量	0.0259	0.0030
			有效磷含量	0.6508	0.0753
			速效钾含量	0.2014	0.0233

续表

目标层	指标层				综合权重
	1 级指标	权重	2 级指标	权重	
土壤综合评价函数（SCE）	化学特性	0.1157	pH	0.0916	0.0106
	物理特性	0.0843	物理性黏粒含量	0.5042	0.0425
			粗粉粒含量	0.2325	0.0196
			中、细粉粒含量	0.2633	0.0222
	水土保持效益	0.7999	减流效益	0.5000	0.4000
			减沙效益	0.5000	0.4000

7.2 边坡植被-土壤系统耦合协调综合评价模型

生态防护边坡植被特征与土壤特性评价应包括植被与土壤两个子系统之间的协调发展和各系统内部的协调发展（曾珍香，2001）。依据建立的指标体系，按式（7-1）和式（7-2）构建植被和土壤的综合评价函数。由此函数计算出的综合评价函数值越大，表明土壤环境质量或植被生长状况越好，反之则越差。

$$\mathrm{VCE}(x)=\sum_{i=1}^{m}p_i x_i \tag{7-1}$$

$$\mathrm{SCE}(y)=\sum_{j=1}^{n}q_j y_j \tag{7-2}$$

式中，VCE(x)为植被综合评价函数；SCE(y)为土壤综合评价函数；p_i、x_i 为植被综合评价函数第 i 个指标对应的待定权重和标准化数值；m 为植被综合评价函数的总指标数；q_j、y_j 为土壤综合评价函数第 j 个指标对应的待定权重和标准化数值；n 为土壤综合评价函数的总指标数。

生态防护边坡植被恢复程度评价的关键在于植被与土壤综合评价函数的变化特征与规律，耦合度正是反映这种协同作用的度量指标（吴大进等，1990），因此，构建植被-土壤系统耦合度（C）模型用于综合评价边坡的植被恢复效果，计算公式如下

$$C=\sqrt{\frac{\mathrm{VCE}(x)\cdot\mathrm{SCE}(y)}{\left[\mathrm{VCE}(x)+\mathrm{SCE}(y)\right]^2}} \tag{7-3}$$

C 值范围为 0～1，当 C 值趋于 1 时，植被与土壤之间呈良性耦合状态；当 C 值趋于 0 时，植被与土壤之间呈无关状态。同时，本研究引入耦合协调度模型，

弥补植被与土壤两个子系统在植被恢复程度评价中的整体功效与协同效应，可有效避免单纯依靠耦合度判别可能产生的误导（彭晚霞等，2011）。

$$C_{\mathrm{h}} = \alpha \mathrm{VCE}(x) + \beta \mathrm{SCE}(y) \tag{7-4}$$

$$C_{\mathrm{d}} = \sqrt{C \cdot C_{\mathrm{h}}} \tag{7-5}$$

式中，C_{h}为植被-土壤系统综合调和指数；C_{d}为植被-土壤系统耦合协调度；α、β为待定权数，由于土壤与植被对边坡植被恢复的改善作用同等重要，所以$\alpha=\beta=1/2$。C_{d}范围为 0～1，C_{d}数值越大，表明生态防护小区植被恢复效果越好，植被系统与土壤系统的耦合关系越协调。根据C_{d}数值的大小，对生态防护小区植被特征与土壤特性的耦合提出分类与评判标准，见表 7-2。

表 7-2　植被-土壤系统耦合协调度分类及评判标准

C_{d}	耦合协调特征	植被-土壤系统耦合模式
$0<C_{\mathrm{d}}\leqslant0.25$	植被-土壤系统耦合关系极度失调	低级协调发展模式
$0.25<C_{\mathrm{d}}\leqslant0.45$	植被-土壤系统耦合关系严重失调	初级协调发展模式
$0.45<C_{\mathrm{d}}\leqslant0.65$	植被-土壤系统耦合关系勉强协调	中级协调发展模式
$0.65<C_{\mathrm{d}}\leqslant0.85$	植被-土壤系统耦合关系良好协调	良好协调发展模式
$0.85<C_{\mathrm{d}}<1.0$	植被-土壤系统耦合关系同步发展	优质协调发展模式

7.3　生态防护边坡植被与土壤特征的耦合关联

耦合度是描述系统或要素之间相互影响程度的定量指标，耦合程度的高低决定了系统或要素之间协调状况的好坏（彭晚霞等，2011；刘耀彬和宋学锋，2005）。植被综合评价函数是反映植被生长状况的综合评价指标，土壤综合评价函数是反映土壤环境特征的综合评价指标，因此选取植被综合评价函数与土壤综合评价函数这两个评价指标进行耦合，评价典型边坡生态防护措施的植被恢复效果。

7.3.1　山区岩质边坡

山区岩质边坡植被-土壤系统耦合协调关系评判结果见表 7-3。山区岩质边坡不同生态防护措施植被-土壤系统的协调程度存在差异，7 种生态防护措施中，3 种呈良好协调发展模式，分别是挂网客土喷播绿化措施、砖砌挡土绿化措施和生态袋绿化措施，耦合协调度值分别为 0.73、0.70 和 0.67，说明这几种措施可以有效改善边坡生境，植被生长状况和土壤环境条件较好；3 种呈中级协调发展模式，分别是土工格室、土工格栅内置生态袋绿化措施和钻孔绿化措施，耦合协调度值分别为 0.65、0.63 和 0.61；仅蹄形空心六棱砖绿化措施呈初级协调发展模式，耦合协调度值仅为 0.45，说明其边坡防护效果最差。从土壤综合评价函数对植被综合评价函数的响应关系可知，挂网客土喷播和砖砌挡土的植被综合评价函数值较大，其边坡土壤环境综合水平也较高，植被综合评价函数值和土壤综合评价函数值分别为 0.55 和 0.53、0.50 和 0.47；蹄形空心六棱砖的土壤环境综合水平较高，但边坡植被生长状况较差，因此其植被-土壤系统耦合协调关系也最差。根据耦合协调度，推荐使用的生态防护措施有挂网客土喷播、砖砌挡土和生态袋绿化措施。

表 7-3 山区岩质边坡植被-土壤系统耦合协调关系评判

生态防护措施	VCE	SCE	C	C_h	C_d	植被-土壤系统耦合模式
挂网客土喷播	0.55	0.53	0.50	1.08	0.73	良好协调发展模式
砖砌挡土	0.50	0.47	0.50	0.98	0.70	良好协调发展模式
生态袋	0.39	0.52	0.50	0.92	0.67	良好协调发展模式
土工格室	0.31	0.58	0.48	0.88	0.65	中级协调发展模式
土工格栅内置生态袋	0.30	0.53	0.48	0.82	0.63	中级协调发展模式
钻孔绿化	0.31	0.45	0.49	0.76	0.61	中级协调发展模式
蹄形空心六棱砖	0.09	0.49	0.36	0.57	0.45	初级协调发展模式

7.3.2 山区土质边坡

山区土质边坡植被-土壤系统耦合协调关系评判结果见表 7-4。山区土质边坡的生态防护措施类型最多，调查发现 9 种，其中 5 种为良好协调发展模式，分别为植草护坡、钢筋笼嵌生态袋、土工格室、空心六棱砖和椰纤植生毯绿化措施，其中前 4 种生态防护措施的耦合协调度值均大于山区岩质边坡的，说明山区土质边坡植被恢复效果的整体水平高于山区岩质边坡；4 种为中级协调发展模式，分别为蹄形空心六棱砖、连锁砖、浆砌石框格客土和排桩挡土绿化措施。蹄形空心六棱砖和连锁砖绿化措施的耦合协调度值处于中级与良好协调发展模式的分界，说明这两种生态防护边坡的植物群落处于从中级协调发展向良好协调发展转变的关键时期，种间竞争激烈。根据耦合协调度，推荐使用的生态防护措施有植草护坡、钢筋笼嵌生态袋、土工格室、空心六棱砖和椰纤植生毯绿化措施。

表 7-4 山区土质边坡植被-土壤系统耦合协调关系评判

生态防护措施	VCE	SCE	C	C_h	C_d	植被-土壤系统耦合模式
植草护坡	0.82	0.57	0.49	1.39	0.83	良好协调发展模式
钢筋笼嵌生态袋	0.77	0.53	0.49	1.30	0.80	良好协调发展模式
土工格室	0.49	0.70	0.49	1.20	0.77	良好协调发展模式
空心六棱砖	0.57	0.53	0.50	1.11	0.74	良好协调发展模式
椰纤植生毯	0.44	0.54	0.50	0.98	0.70	良好协调发展模式
蹄形空心六棱砖	0.34	0.52	0.49	0.86	0.65	中级协调发展模式
连锁砖	0.31	0.57	0.48	0.88	0.65	中级协调发展模式
浆砌石框格客土	0.45	0.36	0.49	0.82	0.63	中级协调发展模式
排桩挡土	0.21	0.45	0.47	0.66	0.56	中级协调发展模式

7.3.3 松散堆积体边坡

松散堆积体边坡植被-土壤系统耦合协调关系评判结果见表 7-5。生态袋和椰纤植生毯绿化措施的植被-土壤系统耦合协调关系较好，属于良好协调发展模式，耦合协调度值分别为 0.82 和 0.76；波浪形地形整理绿化措施和生态棒集流挡土绿化措施的植被-土壤系统耦合协调关系较差，耦合协调度值分别为 0.63 和 0.62，属于中级协调发展模式。根据耦合协调度，推荐使用的生态防护措施为生态袋绿化措施和椰纤植生毯绿化措施。

表 7-5 松散堆积体边坡植被-土壤系统耦合协调关系评判

生态防护措施	VCE	SCE	C	C_h	C_d	植被-土壤系统耦合模式
生态袋	0.91	0.49	0.48	1.41	0.82	良好协调发展模式
椰纤植生毯	0.70	0.48	0.49	1.18	0.76	良好协调发展模式
波浪形地形整理	0.42	0.38	0.50	0.80	0.63	中级协调发展模式
生态棒集流挡土	0.32	0.47	0.49	0.79	0.62	中级协调发展模式

7.3.4 平原土质边坡

平原土质边坡植被-土壤系统耦合协调关系评判结果见表 7-6。平原土质边坡常采用的生态防护措施类型较少，调查仅发现 2 种，分别是空心六棱砖绿化措施和蹄形空心六棱砖绿化措施。空心六棱砖绿化措施的耦合协调度值较大，为 0.72，属于良好协调发展模式，而蹄形空心六棱砖绿化措施的耦合协调度值仅为 0.65，属于中级协调发展模式，说明蹄形空心六棱砖绿化措施边坡的植物群落在未来几年面临的生态环境压力较为严峻。由于空心六棱砖绿化措施的植被-土壤系统耦合协调关系优于蹄形空心六棱砖绿化措施，因此平原土质边坡的植被恢复优先推荐使用空心六棱砖绿化措施。

表 7-6 平原土质边坡植被-土壤系统耦合协调关系评判

生态防护措施	VCE	SCE	C	C_h	C_d	植被-土壤系统耦合模式
空心六棱砖	0.50	0.54	0.50	1.03	0.72	良好协调发展模式
蹄形空心六棱砖	0.33	0.55	0.48	0.88	0.65	中级协调发展模式

7.4 生态防护边坡植物选择与配置

7.4.1 生态防护边坡植物物种选择

7.4.1.1 主要植物物种的重要值分析

本研究选取重要值作为描述植物物种在群落中重要性的指标。根据北京地区生态防护示范园区 239 个样地的群落调查资料，计算了 210 种植物的重要值，调查发现群落组成以草本植物为主，灌木次之，乔木最少，因此草本、灌木和乔木分别选取出现频率排名前 15 位、前 10 位和前 5 位的植物，它们的重要值之和为 1146.49，占总重要值的 47.69%，见表 7-7。

表 7-7 生态防护边坡适生植物物种的重要值及生态位宽度

植被类型	植物物种	相对频度/%	重要值	生态位宽度	
				非标准化	标准化
草本	狗尾草 *Setaria viridis*	76.62	89.94	2.32	0.99
	白莲蒿 *Artemisia stechmanniana*	26.77	46.41	1.83	0.79
	灰绿藜 *Chenopodium glaucum*	22.15	32.76	1.72	0.74
	猪毛菜 *Salsola collina*	21.85	51.94	1.72	0.74
	五叶地锦 *Parthenocissus quinquefolia*	20.62	78.15	1.68	0.73
	葎草 *Humulus scandens*	19.38	39.96	1.70	0.73
	猪毛蒿 *Artemisia scoparia*	19.08	40.41	1.64	0.71
	鬼针草 *Bidens pilosa*	18.15	27.57	1.70	0.73
	紫苜蓿 *Medicago sativa*	15.08	39.75	1.63	0.70
	萝藦 *Metaplexis japonica*	15.08	24.43	1.56	0.67
	牵牛 *Ipomoea nil*	14.92	23.55	1.86	0.80
	马唐 *Digitaria sanguinalis*	13.23	56.00	1.54	0.66

续表

植被类型	植物物种	相对频度/%	重要值	生态位宽度	
				非标准化	标准化
草本	抱茎苦荬菜 *Crepidiastrum sonchifolium*	11.69	19.86	1.49	0.64
	丛生隐子草 *Cleistogenes caespitosa*	10.77	49.90	1.49	0.64
	茜草 *Rubia cordifolia*	9.54	14.79	1.41	0.61
灌木	紫穗槐 *Amorpha fruticosa*	24.31	69.81	1.81	0.78
	荆条 *Vitex negundo* var. *heterophylla*	24.00	49.20	1.83	0.79
	胡枝子 *Lespedeza bicolor*	11.69	32.88	1.48	0.64
	叉子圆柏 *Juniperus sabina*	8.00	81.25	1.35	0.58
	酸枣 *Ziziphus jujuba* var. *spinosa*	4.92	24.56	1.09	0.47
	黄栌 *Cotinus coggygria*	4.31	18.71	1.02	0.44
	滇瑞香 *Daphne feddei*	4.31	8.77	1.11	0.48
	扁担杆 *Grewia biloba*	4.00	16.38	1.02	0.44
	杠柳 *Periploca sepium*	3.38	20.57	0.97	0.42
	山杏 *Armeniaca sibirica*	3.08	21.39	0.86	0.37
乔木	榆树 *Ulmus pumila*	17.54	20.80	1.68	0.72
	火炬树 *Rhus typhina*	10.77	36.67	1.46	0.63
	臭椿 *Ailanthus altissima*	8.62	34.22	1.29	0.55
	栾树 *Koelreuteria paniculata*	7.08	42.00	1.30	0.56
	刺槐 *Robinia pseudoacacia*	4.31	33.86	0.97	0.42

从表中可知，草本植物中狗尾草的相对频度及重要值均最大，分别为 76.62%和 89.94。狗尾草是北方地区常见的草本植物，适应性极强，对环境要求低，生长速度快，利于土壤养分匮乏生境的植被恢复。五叶地锦的相对频度为 20.62%，重要值为 78.15，重要值仅次于狗尾草。五叶地锦的适应性强，单株覆盖面积大，对环境要求低，尤其是在土质较差的边坡中能很好地生长。狗尾草、白莲蒿、灰绿藜、猪毛菜、五叶地锦的相对频度均在 20%以上，平均重要值为 59.84，是边坡绿化的重要物种。

灌木中紫穗槐的相对频度最大，重要值仅次于叉子圆柏，紫穗槐是边坡绿化中常用的灌木物种，繁殖能力强，适生性好。荆条作为一种耐干旱和贫瘠的灌木，具有较高的相对频度和重要值，常以入侵形式生长繁衍，生命力强并占据一定的优势地位，可改良土壤、保持水土。10 种灌木中，叉子圆柏的重要值最大，一方面叉子圆柏是生态防护边坡的初始设计植物（即建群种），具有较大的优势度；另一方面叉子圆柏具有适应性强、护岸固沙的功能，且与乡土物种的联结性较差，多呈负相关，因此叉子圆柏所在边坡的入侵植物物种少，优势地位不易被其他物种取代。

受北京地区高速公路路遇安全性以及土层厚度的限制，边坡绿化植物鲜少选择乔木。调查发现生态防护边坡乔木种类相对单一，多用于填方边坡底部或公路中央隔离带，榆树、火炬树、臭椿、栾树和刺槐是常见的乔木，它们的相对频度和重要值较为接近，相对频度均小于 20%，重要值多分布在 33～42。生态防护边坡乔木的出现频率远低于草本植物，但乔木的冠幅较大，仍可对边坡群落结构造成较大影响。

7.4.1.2　主要植物物种的生态位宽度分析

选择生态位宽度指标分析植物对环境资源的利用程度，反映植物物种适应性的差异（王慧敏，2013；胡刚，2007）。草本植物中狗尾草的生态位宽度最大，其标准化生态位宽度值接近 1，表明狗尾草的生态幅度较宽，在植被恢复过程中分布较广，对边坡资源利用率高。15 种草本植物标准化后的生态位宽度均在 0.6 以上，表明这 15 种草本植物的生态位宽度较大，在多数资源位（生态防护边坡）中均有出现。

10 种灌木中，紫穗槐和荆条的生态位宽度较大，分别为 1.81 和 1.83，表明它们具有较宽的资源利用谱。紫穗槐为生态防护边坡植被恢复的设计植物物种，荆条为当地乡土物种，两者的适应性和更新能力强，数量较多且分布广泛。杠柳和山杏的生态位宽度较小，主要是由于它们的个体数较少，多呈零星分布，对边坡资源的利用低。

5 种乔木的生态位宽度较为接近，其中榆树的生态位宽度最大，刺槐最小。榆树更新能力和分蘖能力较强，在群落演替过程中对资源的利用程度逐渐增大，对边坡资源利用有明显优势。

7.4.1.3　主要植物物种的生态位重叠分析

表 7-8 显示生态防护边坡 435 个种对的生态位重叠值都在 0.0～0.5 范围内，生态位重叠种对共有 198 个，占种对总数的 45.5%，生态位重叠值为 0.5 的种对有 3 对，仅占重叠种对总数的 1.5%，分别为狗尾草和灰绿藜、丛生隐子草和荆条、丛生隐子草和滇瑞香。多数种对的生态位重叠值小于 0.3，表明 30 种主要植物的资源共享率低，群落中各种对的利用性竞争不强，尚未形成资源共享模式。生态位宽度较大的植物其组成的种对通常也能产生较大的生态位重叠值，如狗尾草和灰绿藜、狗尾草和猪毛菜、丛生隐子草和荆条等，但并不是说具有较小生态位宽度的植物其组成种对的生态位重叠值就一定小，如胡枝子和刺槐、黄栌和扁担杆，刺槐和扁担杆标准化后的生态位宽度值仅为 0.42 和 0.44，说明，虽然它们本身的

表 7-8　生态防护边坡主要植物物种的生态位重叠值

植物	1	2	3	4	5	6	7	8	9	10	11	12	13	14	15	16	17	18	19	20	21	22	23	24	25	26	27	28	29
2	0.1																												
3	0.5	0.0																											
4	0.4	0.0	0.2																										
5	0.2	0.1	0.0	0.0																									
6	0.4	0.0	0.3	0.2	0.1																								
7	0.3	0.1	0.0	0.1	0.0	0.1																							
8	0.2	0.0	0.0	0.1	0.1	0.1	0.1																						
9	0.2	0.2	0.0	0.0	0.1	0.0	0.2	0.2																					
10	0.1	0.2	0.0	0.1	0.1	0.0	0.1	0.1	0.1																				
11	0.4	0.0	0.2	0.2	0.2	0.1	0.0	0.3	0.2	0.1																			
12	0.3	0.0	0.0	0.0	0.1	0.0	0.0	0.1	0.1	0.0	0.1																		
13	0.2	0.1	0.1	0.1	0.1	0.0	0.1	0.2	0.1	0.1	0.1	0.0																	
14	0.0	0.2	0.0	0.0	0.0	0.0	0.0	0.0	0.0	0.0	0.0	0.0	0.0																
15	0.1	0.1	0.0	0.0	0.1	0.1	0.0	0.2	0.1	0.1	0.2	0.1	0.0	0.3															
16	0.2	0.1	0.1	0.0	0.1	0.1	0.1	0.2	0.2	0.1	0.3	0.1	0.1	0.0	0.1														
17	0.1	0.3	0.0	0.1	0.0	0.0	0.1	0.1	0.1	0.1	0.0	0.0	0.1	0.5	0.2	0.1													
18	0.1	0.2	0.0	0.0	0.1	0.0	0.0	0.3	0.4	0.0	0.1	0.0	0.0	0.0	0.0	0.1	0.1												
19	0.2	0.0	0.0	0.0	0.0	0.0	0.0	0.0	0.0	0.1	0.1	0.1	0.0	0.0	0.0	0.0	0.0	0.0											
20	0.0	0.1	0.0	0.0	0.0	0.0	0.0	0.1	0.0	0.1	0.1	0.0	0.1	0.2	0.2	0.0	0.3	0.0	0.0										
21	0.0	0.1	0.0	0.0	0.0	0.0	0.0	0.0	0.0	0.0	0.0	0.0	0.0	0.3	0.1	0.1	0.3	0.0	0.0	0.2									
22	0.0	0.2	0.0	0.0	0.0	0.0	0.0	0.0	0.0	0.0	0.0	0.0	0.0	0.5	0.2	0.0	0.3	0.0	0.0	0.2	0.1								

续表

植物	1	2	3	4	5	6	7	8	9	10	11	12	13	14	15	16	17	18	19	20	21	22	23	24	25	26	27	28	29
23	0.0	0.1	0.0	0.0	0.0	0.0	0.0	0.2	0.0	0.0	0.1	0.0	0.0	0.4	0.2	0.0	0.4	0.0	0.0	0.2	0.4	0.1							
24	0.1	0.1	0.0	0.0	0.0	0.0	0.0	0.1	0.0	0.1	0.0	0.1	0.0	0.0	0.0	0.2	0.0	0.0	0.0	0.0	0.0	0.0	0.0						
25	0.0	0.4	0.0	0.0	0.1	0.0	0.0	0.0	0.1	0.0	0.0	0.0	0.0	0.0	0.0	0.0	0.0	0.1	0.0	0.0	0.0	0.0	0.0	0.0					
26	0.2	0.2	0.1	0.1	0.1	0.0	0.1	0.1	0.1	0.2	0.1	0.0	0.1	0.1	0.0	0.2	0.2	0.1	0.2	0.0	0.1	0.0	0.1	0.0	0.1				
27	0.1	0.1	0.0	0.0	0.3	0.1	0.0	0.0	0.0	0.1	0.1	0.0	0.0	0.2	0.1	0.2	0.1	0.0	0.0	0.0	0.0	0.2	0.0	0.1	0.0	0.1			
28	0.1	0.2	0.0	0.0	0.0	0.0	0.0	0.1	0.0	0.1	0.1	0.0	0.1	0.0	0.0	0.0	0.4	0.1	0.0	0.2	0.0	0.0	0.0	0.0	0.0	0.0	0.0		
29	0.3	0.0	0.2	0.2	0.0	0.0	0.0	0.1	0.0	0.1	0.2	0.0	0.0	0.0	0.0	0.0	0.0	0.1	0.0	0.0	0.0	0.0	0.0	0.0	0.0	0.1	0.0	0.0	
30	0.1	0.0	0.0	0.0	0.0	0.0	0.0	0.1	0.2	0.1	0.1	0.1	0.0	0.0	0.0	0.0	0.1	0.4	0.0	0.0	0.0	0.0	0.0	0.0	0.0	0.0	0.0	0.1	0.0

注：1代表狗尾草；2代表白莲蒿；3代表灰绿藜；4代表猪毛菜；5代表五叶地锦；6代表葎草；7代表猪毛蒿；8代表鬼针草；9代表紫苜蓿；10代表萝藦；11代表牵牛；12代表马唐；13代表抱茎苦荬菜；14代表丛生隐子草；15代表茜草；16代表紫穗槐；17代表荆条；18代表胡枝子；19代表叉子圆柏；20代表酸枣；21代表黄栌；22代表滇瑞香；23代表扁担杆；24代表杠柳；25代表山杏；26代表榆树；27代表火炬树；28代表臭椿；29代表栾树；30代表刺槐

生态位宽度较低，但是它们对资源的需求较为相似，而使它们之间的生态位重叠较高。

7.4.1.4 北京地区生态防护边坡最优植物选择

根据 239 个生态防护边坡的植被调查数据，对出现频率排名前 15 位、前 10 位和前 5 位的草本、灌木和乔木进行重要值、生态位宽度和生态位重叠分析。北京地区广泛分布的乡土物种在分析时不进行考虑，因此去掉狗尾草、灰绿藜、鬼针草、马唐、抱茎苦荬菜、茜草等广泛适生性植物，筛选相对频度大于 4%、重要值大于 10 和生态位宽度大于 1 的植物共 20 种。北京地区生态防护边坡最优植物选择见表 7-9。

表 7-9 北京地区生态防护边坡最优植物选择

植被类型	推荐植物物种
草本	白莲蒿、猪毛菜、五叶地锦、葎草、猪毛蒿、紫苜蓿、萝藦、牵牛、丛生隐子草
灌木	紫穗槐、荆条、胡枝子、叉子圆柏、酸枣、黄栌、扁担杆
乔木	榆树、火炬树、臭椿、栾树

7.4.2 生态防护边坡植物配置

在综合前文研究成果的基础上，概括出不同边坡类型的目标植物群落，筛选后去掉广泛分布的乡土植物物种，形成北京地区生态防护边坡植物配置推荐表，见表 7-10。山区岩质边坡的适宜植物配置有 3 种，分别是：①柠条锦鸡儿、五叶地锦、紫穗槐和紫苜蓿，②紫苜蓿、胡枝子、五叶地锦和紫穗槐，③紫穗槐和五叶地锦。山区土质边坡适宜的植物配置有 3 种，分别是：①柠条锦鸡儿、五叶地锦、紫穗槐和紫苜蓿，②紫穗槐和五叶地锦，③紫穗槐。松散堆积体边坡适宜植物配置有 3 种，分别是：①栾树，②紫苜蓿和高羊茅，③荆条和秋英。平原土质边坡的适宜植物配置有 4 种，分别是：①五叶地锦，②费菜、叉子圆柏和旱柳，③紫穗槐，④火炬树、五叶地锦和紫穗槐。

表 7-10 北京地区生态防护边坡植物配置推荐表

边坡类型	目标植物群落	推荐植物配置
山区岩质边坡	狗尾草+马唐+柠条锦鸡儿+五叶地锦+紫穗槐+紫苜蓿+牵牛群落	柠条锦鸡儿、五叶地锦、紫穗槐和紫苜蓿槐
	紫苜蓿+狗尾草+胡枝子+五叶地锦+紫穗槐+牵牛群落	紫苜蓿、胡枝子、五叶地锦和紫穗
	紫穗槐+狗尾草+五叶地锦群落	紫穗槐和五叶地锦

续表

边坡类型	目标植物群落	推荐植物配置
山区土质边坡	狗尾草+马唐+柠条锦鸡儿+五叶地锦+紫穗槐+紫苜蓿+牵牛群落	柠条锦鸡儿、五叶地锦、紫穗槐和紫苜蓿
	紫穗槐+狗尾草+五叶地锦群落	紫穗槐和五叶地锦
	狗尾草+紫穗槐群落	紫穗槐
松散堆积体边坡	马唐+鬼针草+猪毛菜+圆叶牵牛+栾树-藜-葎草群落	栾树
	紫苜蓿+高羊茅群落	紫苜蓿和高羊茅
	小花鬼针草+抱茎苦荬菜+猪毛蒿+荆条+猪毛菜+秋英+黄花蒿群落	荆条和秋英
平原土质边坡	狗尾草+五叶地锦+马唐+黄花蒿群落	五叶地锦
	狗尾草+反枝苋+马唐+马齿苋+费菜+牛筋草+叉子圆柏+虎尾草+旱柳+萝藦群落	费菜、叉子圆柏和旱柳
	紫穗槐+狗尾草+圆叶牵牛+萝藦+葎草群落	紫穗槐
	狗尾草+火炬树+五叶地锦+葎草+马唐+紫穗槐群落	火炬树、五叶地锦和紫穗槐

主要参考文献

白中科, 赵景逵, 李晋川, 等. 1999. 大型露天煤矿生态系统受损研究——以平朔露天煤矿为例. 生态学报, 19(6): 870-875.

鲍士旦. 2000. 土壤农化分析(第三版). 北京: 中国农业出版社: 35-123.

陈俊华, 刘兴良, 何飞, 等. 2010. 卧龙巴朗山川滇高山栎灌丛主要木本植物种群生态位特征. 林业科学, 46(3): 23-28.

陈萍, 陈晓玲. 2011. 鄱阳湖生态经济区农业系统的干旱脆弱性评价. 农业工程学报, 27(8): 8-13.

陈琼. 2014. 基于土壤生物工程技术的现浇网格生态护坡应用研究. 北京林业大学硕士学位论文.

陈瑶, 胥晓, 张德然, 等. 2006. 四川龙门山西北部植被分布与地形因子的相关性. 生态学杂志, 25(9): 1052-1055.

丛月, 张洪江, 程金花, 等. 2013. 华北土石山区草本植被覆盖度对降雨溅蚀的影响. 水土保持学报, 27(5): 59-62, 67.

崔云, 孔纪名, 倪振强, 等. 2011. 强降雨在滑坡发育中的关键控制机理及典型实例分析. 灾害学, 26(3): 13-17.

邓辅唐, 晏雨鸿, 孙佩石, 等. 2007. 高速公路边坡三种植被恢复模式的生态效果评估. 中国水土保持, (4): 40-42.

邓聚龙. 1988. 农业系统灰色理论与方法. 济南: 山东科学技术出版社: 39-75.

樊登星. 2014. 北京山区坡面土壤侵蚀响应特征及模型模拟研究. 北京林业大学博士学位论文.

樊登星, 余新晓, 贾国栋, 等. 2014. 北京山区灌草坡面水土流失特征及其影响因素. 中国水土保持科学, 12(2): 24-28.

樊三龙, 方红, 高传部, 等. 2012. 北方草地牛粪中金龟子的多样性. 生态学报, 32(13): 4207-4214.

方怒放. 2012. 小流域降雨—径流—产沙关系及水土保持措施响应. 华中农业大学博士学位论文.

房飞, 胡玉昆, 张伟, 等. 2012. 高寒草原植物群落种间关系的数量分析. 生态学报, 32(6): 1898-1907.

高德彬, 陈增建, 倪万魁, 等. 2008. 陕西省公路黄土路堑高边坡植被防护研究. 水土保持通报, 28(5): 155-160.

管新建. 2009. 不同土质坡面水蚀过程模拟试验及建模研究. 西安理工大学博士学位论文.

郭逍宇, 张金屯, 宫辉力, 等. 2005. 安太堡矿区复垦地植被恢复过程多样性变化. 生态学报, 25(4): 763-770.

韩武波, 马锐, 白中科, 等. 2004. 黄土区大型露天矿排土场水土流失评价. 煤炭学报, 29(4):

400-404.

郝蓉, 白中科, 赵景逵, 等. 2003. 黄土区大型露天煤矿废弃地植被恢复过程中的植被动态. 生态学报, 23(8): 1470-1476.

何友均, 崔国发, 邹大林, 等. 2008. 三江源玛珂河林区寒温性针叶林优势草本种间联结研究. 北京林业大学学报, 30(1): 148-153.

胡刚. 2007. 桂林岩溶石山青冈栎群落生态学研究. 广西师范大学硕士学位论文.

胡振琪, 张光灿, 魏忠义, 等. 2003. 煤矸石山的植物种群生长及其对土壤理化特性的影响. 中国矿业大学学报, 32(5): 491-495, 499.

黄秉维. 1983. 谈黄河中游土壤保持问题. 中国水土保持, (1): 8-13.

黄莹, 阙欣欣, 李彩云. 2013. 漓江沿岸水陆交错带景观调查与生态修复技术. 南方农业学报, 44(10): 1700-1704.

江源, 陶岩, 顾卫, 等. 2007. 高速公路边坡植被恢复效果研究. 公路交通科技, 24(7): 147-152.

姜德文, 郭索彦, 赵永军, 等. 2010. 生产建设项目水土保持准入条件研究内容与方法. 中国水土保持科学, 8(3): 38-42.

焦菊英, 李靖. 2000. 黄土高原林草水土保持有效盖度分析. 植物生态学报, 24(5): 608-612.

金秀良, 徐新刚, 王纪华, 等. 2012. 基于灰度关联分析的冬小麦叶片含水量高光谱估测. 光谱学与光谱分析, 32(11): 3103-3106.

孔宁宁, 曾辉, 李书娟. 2002. 四川卧龙自然保护区植被的地形分异格局研究. 北京大学学报(自然科学版), 38(4): 543-549.

李丹雄, 杨建英, 史常青, 等. 2014. 汶川地震滑坡迹地植被恢复中优势种的种间关联性. 应用与环境生物学报, 20(5): 938-943.

李金海, 张国祯. 2009. 北京山区关停废弃矿山现状及典型生态修复模式//中国水土保持学会. 全国水土保持生态修复学术研讨会论文集. 全国水土保持生态修复学术研讨会: 89-100.

李婧, 张超, 朱德海, 等. 2007. 基于空间技术北京市地貌类型区划研究. 中国农业科技导报, 9(2): 126-129.

李林霞, 王瑞君, 辜彬, 等. 2014. 海岛矿区岩质边坡植物群落演替中物种多样性的变化. 生态学杂志, 33(7): 1741-1747.

李猛. 2008. 在建高速公路边坡土壤侵蚀特性研究. 北京林业大学硕士学位论文.

李绍才, 孙海龙, 杨志荣, 等. 2006. 岩石边坡喷播植草护坡工程的抗侵蚀效应. 北京林业大学学报, 28(1): 43-47.

李生宇, 雷加强. 2002. 古尔班通古特沙漠公路扰动带植被恢复研究. 新疆环境保护, 24(1): 1-7.

李香云. 2008. 晋云山林地坡面径流特征研究. 北京林业大学博士学位论文.

李香云, 王玉杰. 2007. 不同植被类型对地表径流影响的灰色关联度分析. 水土保持通报, 27(2): 83-86.

李意德, 许涵, 陈德祥, 等. 2007. 从植物种群间联结性探讨生态种组与功能群划分——以尖峰岭热带低地雨林乔木层数据为例. 林业科学, 43(4): 9-16.
李勇, 张晴雯, 万国江, 等. 2006. 植物根系控制黄土土层风化淋溶机制的初步研究. 中国科学(D 辑: 地球科学), 36(2): 195-200.
李育中, 王炜, 裴浩. 1990. 统计生态学方法和计算入门. 呼和浩特: 内蒙古大学出版社: 121-130.
李裕元, 邵明安. 2004. 子午岭植被自然恢复过程中植物多样性的变化. 生态学报, 24(2): 252-260.
沥青情报站. 2013. 《国家公路网规划(2013-2030 年)》被批准. 石油沥青, 27(4): 71.
梁淑娟, 樊华, 王利军, 等. 2012. 永定河生态护岸模式的适宜性观测研究. 水土保持研究, 19(4): 153-158.
林伟强, 贾小容, 陈北光, 等. 2006. 广州帽峰山次生林主要种群生态位宽度与重叠研究. 华南农业大学学报, 27(1): 84-87.
刘斌涛, 陶和平, 宋春风, 等. 2013. 1960-2009 年中国降雨侵蚀力的时空变化趋势. 地理研究, 32(2): 245-256.
刘春霞, 韩烈保. 2007. 高速公路边坡植被恢复研究进展. 生态学报, 27(5): 2090-2098.
刘方, 王世杰, 罗海波, 等. 2008. 喀斯特森林生态系统的小生境及其土壤异质性. 土壤学报, 45(6): 1055-1062.
刘泉. 2013. 汉江中游小流域水土-养分流失过程与调控研究. 中国科学院研究生院(教育部水土保持与生态环境研究中心)博士学位论文.
刘艳. 2010. 长江中游低丘典型黄壤坡面水土流失特征与植被恢复模式研究. 西南大学硕士学位论文.
刘窑军, 王天巍, 李朝霞, 等. 2012. 不同植被防护措施对三峡库区土质道路边坡侵蚀的影响. 应用生态学报, 23(4): 896-902.
刘耀彬, 宋学锋. 2005. 城市化与生态环境的耦合度及其预测模型研究. 中国矿业大学学报, 34(1): 91-96.
刘义. 2011. 北京植物多样性分布影响因素及其保护管理对策. 北京林业大学博士学位论文.
骆东奇, 白洁, 谢德体. 2002. 论土壤肥力评价指标和方法. 土壤与环境, 11(2): 202-205.
骆汉. 2014. 华北东部高速公路边坡立地类型划分和质量评价. 北京林业大学博士学位论文.
马从安, 才庆祥. 2010. 哈尔乌素露天煤矿排土场土壤肥力综合评价. 环境工程, 28(S1): 306-308.
孟小华. 2007. 南京市城市公园绿地中乡土树种的应用研究. 南京农业大学硕士学位论文.
穆林林. 2010. 生态公路边坡生态恢复设计与研究. 南京林业大学硕士学位论文.
牛兰兰, 丁国栋, 赵方莹. 2007. 公路建设项目水土流失及其防治措施初探. 中国水土保持科学, 5(1): 114-118.
潘树林, 周顺涛, 辜彬. 2012. 坡度和坡位对岩质边坡早期生态恢复土壤养分变异性的影响. 水土保持研究, 19(4): 289-292.
裴娟, 艾应伟, 刘浩, 等. 2009. 坡面和坡向对遂渝铁路岩石边坡创面人工土壤植被恢复的影响. 水土保持通报, 29(2): 197-201.

彭鸿嘉, 傅伯杰, 陈利顶, 等. 2004. 甘肃民勤荒漠区植被演替特征及驱动力研究——以民勤为例. 中国沙漠, 24(5): 628-633.

彭少麟, 陆宏芳. 2003. 恢复生态学焦点问题. 生态学报, 23(7): 1249-1257.

彭晚霞, 宋同清, 曾馥平, 等. 2011. 喀斯特峰丛洼地退耕还林还草工程的植被土壤耦合协调度模型. 农业工程学报, 27(9): 305-310.

齐藤诚, 邵琪, 顾卫, 等. 2010. 半干旱地区公路岩质边坡植被恢复技术工程试验——以内蒙古赤峰—通辽高速公路为例. 公路交通科技, 27(12): 145-151.

奇凯, 张春雨, 侯继华, 等. 2010. 赤峰市沙地油松林草本植物多样性及种间关联动态. 生态学报, 30(18): 5106-5112.

綦俊谕, 蔡强国, 方海燕, 等. 2010. 岔巴沟流域水土保持减水减沙作用. 中国水土保持科学, 8(1): 28-33.

任海, 杜卫兵, 王俊, 等. 2007. 鹤山退化草坡生态系统的自然恢复. 生态学报, 27(9): 3593-3600.

任学敏, 杨改河, 王得祥, 等. 2012. 环境因子对巴山冷杉-糙皮桦混交林物种分布及多样性的影响. 生态学报, 32(2): 605-613.

任玉晶. 2011. 入侵植物紫茎泽兰对土壤自生固氮菌和丛枝菌根真菌群落的影响. 中国农业科学院硕士学位论文.

邵颂东, 王礼先. 2000. 国外土壤侵蚀研究的新进展. 水土保持科技情报, (1): 32-36.

沈丽, 石松林, 李景吉, 等. 2014. 珠穆朗玛峰国家级自然保护区高山杜鹃群落多样性研究. 西北植物学报, 34(12): 2553-2561.

束文圣, 蓝崇钰, 黄铭洪, 等. 2003. 采石场废弃地的早期植被与土壤种子库. 生态学报, 23(7): 1305-1312.

孙霞, 尹林克, 孟林, 等. 2004. 塔河中下游退耕适宜性评价的指标体系及其权重. 干旱地区农业研究, 22(2): 169-173.

唐佐芯. 2012. 不同措施对坡地产流产沙和氮磷迁移的控制作用研究. 西南林业大学硕士学位论文.

陶岩, 江源, 顾卫, 等. 2006. 内蒙古中部高速公路边坡植被恢复研究. 中国水土保持科学, 4(S1): 61-66.

屠剑斌. 2009. 陕西高速公路绿化设计与路域生态恢复的研究. 西安建筑科技大学硕士学位论文.

万年峰, 蒋杰贤, 徐建祥, 等. 2005. 层次分析法在上海市农田有害生物治理中的应用. 生态学报, 25(11): 2997-3002.

王伯荪, 彭少麟. 1985. 南亚热带常绿阔叶林种间联结测定技术研究. I. 种间联结测式的探讨与修正. 植物生态学与地植物学丛刊, 9(4): 274-285.

王崇军. 2008. 浅变质岩风化层边坡稳定性研究. 武汉理工大学硕士学位论文.

王国栋, 吕宪国, 姜明, 等. 2012. 三江平原恢复湿地土壤种子库特征及其与植被的关系. 植物生态学报, 36(8): 763-773.

王海斌. 2012. 不同水土保持措施下径流小区降雨与产流产沙关系研究. 水土保持研究, 18(5):

63-66.

王慧敏. 2013. 汾河中下游湿地植被与环境关系研究. 山西师范大学硕士学位论文.

王佳丽, 张人禾, 王迎春. 2012. 北京降水特征及北京市观象台降水资料代表性. 应用气象学报, 23(3): 265-273.

王玲. 2005. 红砂岩地区公路边坡生物防护技术研究. 北京林业大学硕士学位论文.

王乃江, 张文辉, 陆元昌, 等. 2010. 陕西子午岭森林植物群落种间联结性. 生态学报, 30(1): 67-78.

王倩, 艾应伟, 裴娟, 等. 2010. 遂渝铁路边坡草本植物多样性季节动态和空间分布特征. 生态学报, 30(24): 6892-6900.

王青杵, 王改玲, 石生新, 等. 2012. 晋北黄土丘陵区不同人工植被对水土流失和土壤水分含量的影响. 水土保持学报, 26(2): 71-74.

王淑玲. 2004. 房山自然资源与环境. 北京: 中国农业科学技术出版社: 261-267.

王希华, 宋永昌. 1999. 天童国家森林公园废弃采石场植被自然恢复早期阶段的种群动态及生物量的研究. 应用生态学报, 10(5): 545-548.

王小彪. 2010. 公路边坡生态防护的防冲刷机理及防治效果研究. 重庆交通大学硕士学位论文.

王晓春, 蔡体久, 谷金锋. 2007. 鸡西煤矿矸石山植被自然恢复规律及其环境解释. 生态学报, 27(9): 3744-3751.

王晓东, 张洪江, 程金花, 等. 2008. 三峡库区森林植被坡面产流特性. 水土保持研究, 15(1): 1-3.

王英宇, 宋桂龙, 韩烈保, 等. 2012. 高速公路不同结构岩石边坡生态防护对策与植被恢复技术选择. 中国水土保持, (10): 29-32.

王占礼, 常庆瑞. 1998. 黄土高原降雨因素对土壤侵蚀的影响. 西北农业大学学报, 26(4): 101-105.

王志泰, 包玉, 李毅. 2012. 石质边坡植被建植两周年群落特征与土壤养分动态. 草业学报, 21(2): 34-42.

王治国, 李文银, 蔡继清. 1998. 开发建设项目水土保持与传统水土保持比较. 中国水土保持, (10): 16-17, 42.

魏述艳. 2010. 矿山废弃地立地条件类型划分与评价. 北京林业大学硕士学位论文.

吴大进, 曹力, 陈力华. 1990. 协同学原理和应用. 武汉: 华中理工大学出版社: 9-17.

吴海龙, 余新晓, 张振明, 等. 2014. 基于多种植被指数的土壤含水量估算方法. 光谱学与光谱分析, 34(6): 1615-1618.

徐满厚, 薛娴. 2013. 青藏高原高寒草甸植被特征与温度、水分因子关系. 生态学报, 33(10): 3158-3168.

徐宪立, 马克明, 傅伯杰, 等. 2006a. 植被与水土流失关系研究进展. 生态学报, 26(9): 3137-3143.

徐宪立, 张科利, 庞玲, 等. 2006b. 青藏公路路堤边坡产流产沙规律及影响因素分析. 地理科学,

26(2): 211-216.

徐之华, 黄健民. 2002. 长江三峡库区气候特征与生态环境. 四川气象, 22(3): 22-24.

闫海冰, 韩有志, 杨秀清, 等. 2010. 华北山地典型天然次生林群落的树种空间分布格局及其关联性. 生态学报, 30(9): 2311-2321.

杨翠霞, 赵廷宁, 谢宝元, 等. 2014. 基于小流域自然形态的废弃矿区地形重塑模拟. 农业工程学报, 30(1): 236-244.

杨修, 高林. 2001. 德兴铜矿矿山废弃地植被恢复与重建研究. 生态学报, 21(11): 1932-1940.

杨玉金, 田耀武, 郑根宝, 等. 2006. 濮鹤高速公路边坡植被生态防护效果分析. 西北林学院学报, 21(1): 28-32.

杨振意, 薛立, 许建新. 2012. 采石场废弃地的生态重建研究进展. 生态学报, 32(16): 5264-5274.

尤焕苓, 任国玉, 刘伟东. 2012. 1961—2010 年北京地区降水变化特征. 沙漠与绿洲气象, 6(4): 12-20.

于顺利, 张承军. 2000. 不同地点蒙古栎群落相似性的研究. 植物学通报, 17(6): 554-558.

喻定芳, 戴全厚, 王庆海, 等. 2010. 北京地区等高草篱防治坡耕地水土流失效果. 农业工程学报, 26(12): 89-96.

袁剑刚, 周先叶, 陈彦, 等. 2005. 采石场悬崖生态系统自然演替初期土壤和植被特征. 生态学报, 25(6): 1517-1522.

岳桓陛, 杨建英, 杨阳, 等. 2015. 不同降雨强度条件下植被毯护坡技术的产流特性. 中国水土保持科学, 13(1): 35-41.

曾珍香. 2001. 可持续发展协调性分析. 系统工程理论与实践, (3): 18-21.

张丹丹, 潘德成. 2009. 露天煤矿排土场植被控制水土流失典型模式评述. 辽宁工程技术大学学报: 自然科学版, 28(S1): 243-244.

张华, 赵廷宁, 白麟, 等. 2013. 采石场松散体坡面平铺生态袋绿化的水土保持效应. 水土保持通报, 23(1): 12-16, 67.

张吉庆. 2009. 石忠高速公路松散堆积体路堑边坡稳定性分析及处治技术研究. 重庆交通大学硕士学位论文.

张乐涛, 高照良. 2014. 生产建设项目区土壤侵蚀研究进展. 中国水土保持科学, 12(1): 114-122.

张艳, 杨建英, 冯明明, 等. 2014. 松散堆积体边坡竹栅栏防护措施的水土保持效益. 水土保持学报, 28(5): 12-16.

张艳, 赵廷宁, 史常青, 等. 2013a. 北京山区采石场边坡植被恢复动态研究. 干旱区资源与环境, 27(6): 61-66.

张艳, 赵廷宁, 史常青, 等. 2013b. 坡面植被恢复过程中植被与土壤特征评价. 农业工程学报, 29(3): 124-131.

张艳, 赵廷宁, 杨建英, 等. 2013c. 高速公路不同边坡类型对植被恢复的影响. 中国水土保持科学, 11(4): 80-85.

张艺. 2013. 北京山区森林植被结构对降雨输入过程的影响. 北京林业大学硕士学位论文.

张颖. 2007. 黄土地区森林植被对坡面土壤侵蚀过程影响机理研究. 北京林业大学博士学位论文.

章文波, 谢云, 刘宝元. 2002. 利用日雨量计算降雨侵蚀力的方法研究. 地理科学, 22(6): 705-711.

赵成章, 石福习, 董小刚, 等. 2011. 祁连山北坡退化林地植被群落的自然恢复过程及土壤特征变化. 生态学报, 31(1): 115-122.

赵成章, 张静, 盛亚萍. 2013. 高寒山区一年生混播牧草生态位对密度的响应. 生态学报, 33(17): 5266-5273.

赵建军, 巨能攀, 涂国祥. 2008. 松散堆积体工程边坡变形机理分析及支护对策研究. 工程地质学报, 16(5): 611-615.

赵思金. 2008. 北方地区两种主要类型裸露坡面植被恢复及生态功能评价研究. 北京林业大学博士学位论文.

赵永军. 2007. 生产建设项目水土流失防治技术综述. 中国水土保持, (4): 47-50.

郑粉莉, 高学田. 2003. 坡面土壤侵蚀过程研究进展. 地理科学, 23(2): 230-235.

郑敬刚, 董东平, 赵登海, 等. 2008. 贺兰山西坡植被群落特征及其与环境因子的关系. 生态学报, 28(9): 4559-4567.

钟爽. 2005. 矿山废弃地生态恢复理论体系及其评价方法研究. 辽宁工程技术大学硕士学位论文.

Alday J G, Marrs R H, Martínez-Ruiz C. 2011. Vegetation convergence during early succession on coal wastes: a 6-year permanent plot study. Journal of Vegetation Science, 22(6): 1072-1083.

Anawar H M, Canha N, Santa-Regina I, et al. 2013. Adaptation, tolerance, and evolution of plant species in a pyrite mine in response to contamination level and properties of mine tailings: sustainable rehabilitation. Journal of Soils and Sediments, 13(4): 730-741.

Barnes B V. 1982. Ecological forest site classification. Journal of Forestry, 80(8): 493-498.

Beikircher B, Florineth F, Mayr S. 2010. Restoration of rocky slopes based on planted gabions and use of drought-preconditioned woody species. Ecological Engineering, 36(4): 421-426.

Bhebhe D, Kunguma O, Jordaan A, et al. 2013. A case study of the perceived socio-environmental problems caused by illegal gold mining in Gwanda District, Zimbabwe. Disaster Advances, 6(10): 70-76.

Booth C A, Davies K, Fullen M A. 2005. Environmental and socio-economic contributions of palm-leaf geotextiles to sustainable development and soil conservation. Transactions on ecology and the environment, 81: 649-658.

Bradshaw A. 1997. Restoration of mined lands-using natural processes. Ecological Engineering, 8(4): 255-269.

Burga C A, Krüsi B, Egli M, et al. 2010. Plant succession and soil development on the foreland of the Morteratsch glacier (Pontresina, Switzerland): straight forward or chaotic? Flora - Morphology, Distribution, Functional Ecology of Plants, 205(9): 561-576.

Burke A. 2001. Classification and ordination of plant communities of the Naukluft Mountains, Namibia. Journal of Vegetation Science, 12(1): 53-60.

Cammeraat E, van Beek R, Kooijman A. 2005. Vegetation succession and its consequences for slope stability in SE Spain. Plant and Soil, 278: 135-147.

Chapin III F S, Bloom A J, Field C B, et al. 1987. Plant responses to multiple environmental factors: physiological ecology provides tools for studying how interacting environmental resources control plant growth. Bioscience, 37(1): 49-57.

Chazdon R L. 2003. Tropical forest recovery: legacies of human impact and natural disturbances. Perspectives in Plant Ecology, Evolution and Systematics, 6(1): 51-71.

Chen F, Xu Y, Wang C, et al. 2013. Effects of concrete content on seed germination and seedling establishment in vegetation concrete matrix in slope restoration. Ecological Engineering, 58: 99-104.

Clair S B S, Cavard X, Bergeron Y. 2013. The role of facilitation and competition in the development and resilience of aspen forests. Forest Ecology and Management, 299: 91-99.

Cohen-Fernández A C, Naeth M A. 2013. Erosion control blankets, organic amendments and site variability influenced the initial plant community at a limestone quarry in the Canadian Rocky Mountains. Biogeosciences, 10(7): 5243-5253.

Corominas J, Moya J. 1999. Reconstructing recent landslide activity in relation to rainfall in the Llobregat River basin, Eastern Pyrenees, Spain. Geomorphology, 30(1-2): 79-93.

da Silva E F, Ávila P F, Salgueiro A R, et al. 2013. Quantitative – spatial assessment of soil contamination in S. Francisco de Assis due to mining activity of the Panasqueira mine (Portugal). Environmental Science and Pollution Research, 20(11): 7534-7549.

Dale M R T, Blundon D J. 1991. Quadrat covariance analysis and the scales of interspecific association during primary succession. Journal of Vegetation Science, 2(1): 103-112.

Davies K, Fullen M A, Booth C A. 2006. A pilot project on the potential contribution of palm-mat geotextiles to soil conservation. Earth Surface Processes and Landforms, 31(5): 561-569.

Dong J Z, Zhang K L, Guo Z L. 2012. Runoff and soil erosion from highway construction spoil deposits: a rainfall simulation study. Transportation Research Part D: Transport and Environment, 17(1): 8-14.

Dotterweich M. 2013. The history of human-induced soil erosion: geomorphic legacies, early descriptions and research, and the development of soil conservation—a global synopsis. Geomorphology, 201: 1-34.

Duan W J, Ren H, Fu S L, et al. 2008. Natural recovery of different areas of a deserted quarry in South China. Journal of Environmental Sciences, 20(4): 476-481.

Evans D M, Zipper C E, Burger J A, et al. 2013. Reforestation practice for enhancement of ecosystem services on a compacted surface mine: path toward ecosystem recovery. Ecological Engineering, 51: 16-23.

Evett S R, Dutt G R. 1985. Effect of slope and rainfall intensity on erosion from sodium dispersed, compacted earth microcatchments. Soil Science Society of America Journal, 49(1): 202-206.

Faller K S, Wang P Y S. 2015. The major environmental problems in Congo Brazzaville: case of Brazzaville. Journal of Finance, 3(1): 1-7.

Fattet M, Fu Y, Ghestem M, et al. 2011. Effects of vegetation type on soil resistance to erosion: Relationship between aggregate stability and shear strength. CATENA, 87(1): 60-69.

Fernández C, Vega J A, Jiménez E, et al. 2012. Seeding and mulching + seeding effects on post-fire runoff, soil erosion and species diversity in Galicia (NW Spain). Land Degradation & Development, 23(2): 150-156.

Franklín J F. 1980. Ecological site classification activities in Oregon and Washington. Forestry Chronicle, 56(2): 68-70.

García-Cervigón A I, Gazol A, Sanz V, et al. 2013. Intraspecific competition replaces interspecific facilitation as abiotic stress decreases: the shifting nature of plant-plant interactions. Perspectives in Plant Ecology, Evolution and Systematics, 15(4): 226-236.

Gilliam F S, Hédl R, Chudomelová M, et al. 2014. Variation in vegetation and microbial linkages with slope aspect in a montane temperate hardwood forest. Ecosphere, 5(5): 1-17.

Grace J M. 2000. Forest road sideslopes and soil conservation techniques. Journal of Soil and Water Conservation, 55(1): 96-101.

Grant C D. 2006. State-and-transition successional model for bauxite mining rehabilitation in the jarrah forest of western Australia. Restoration Ecology, 14(1): 28-37.

Grant C D, Loneragan W A. 2001. The effects of burning on the understorey composition of rehabilitated bauxite mines in Western Australia: community changes and vegetation succession. Forest Ecology and Management, 145(3): 255-279.

Gray D H, Sotir R B. 1992. Biotechnical stabilization of highway cut slope. Journal of Geotechnical Engineering, 118(9): 1395-1409.

Guo D G, Bai Z K, Shangguan T L, et al. 2011. Impacts of coal mining on the aboveground vegetation and soil quality: a case study of Qinxin coal mine in Shanxi Province, China. Clean – Soil, Air, Water, 39(3): 219-225.

Hann M J, Morgan R P C. 2006. Evaluating erosion control measures for biorestoration between the time of soil reinstatement and vegetation establishment. Earth Surface Processes and Landforms, 31(5): 589-597.

Healey S P, Gara R I. 2003. The effect of a teak (*Tectona grandis*) plantation on the establishment of native species in an abandoned pasture in Costa Rica. Forest Ecology and Management, 176(1):

497-507.

Hendrychová M. 2008. Reclamation success in post-mining landscapes in the Czech Republic: a review of pedological and biological studies. Journal of Landscape Studies, 1: 63-78.

Hoomehr S, Schwartz J S, Yoder D C. 2016. Potential changes in rainfall erosivity under GCM climate change scenarios for the southern Appalachian region, USA. CATENA, 136: 141-151.

Hu Z Q, Wang P J, Li J. 2012. Ecological restoration of abandoned mine land in China. Journal of Resources and Ecology, 3(4): 289-296.

Hurlbert S H. 1969. A coefficient of interspecific assciation. Ecology, 50(1): 1-9.

Jensen M E, Simonson G H, Dosskey M. 1990. Correlation between soils and sagebrush-dominated plant communities of northeastern Nevada. Soil Science Society of America Journal, 54(3): 902-910.

Ji J, Kokutse N, Genet M, et al. 2012. Effect of spatial variation of tree root characteristics on slope stability. A case study on black locust (*Robinia pseudoacacia*) and arborvitae (*Platycladus orientalis*) stands on the Loess Plateau, China. CATENA, 92: 139-154.

Jiang X M, Yuan H L, Xue M, et al. 2014. Analysis of a heavy rainfall event over Beijing during 21-22 July 2012 based on high resolution model analyses and forecasts. Journal of Meteorological Research, 28: 199-212.

Jitesh K M, Amiya K P. 2013. Characterization and mine soil genesis in age series coal mine overburden spoil in chronosequence in a dry tropical environment. Journal of Phylogenetics & Evolutionary Biology, 1(1): 1-7.

Kojima S, Krumlik G J. 1979. Biogeoclimatic classification of forests in Alberta. Forestry Chronicle, 55(4): 131-132.

Lee J. 2010. Effect of application methods of organic fertilizer on growth, soil chemical properties and microbial densities in organic bulb onion production. Scientia Horticulturae, 124(3): 299-305.

Li X P, Zhang L Q, Zhang Z. 2006. Soil bioengineering and the ecological restoration of riverbanks at the Airport Town, Shanghai, China. Ecological Engineering, 26(3): 304-314.

Lin C, Tong X, Lu W, et al. 2005. Environmental impacts of surface mining on mined lands, affected streams and agricultural lands in the Dabaoshan Mine region, southern China. Land Degradation & Development, 16(5): 463-474.

Lin W T, Lin C Y, Chou W C. 2006. Assessment of vegetation recovery and soil erosion at landslides caused by a catastrophic earthquake: a case study in Central Taiwan. Ecological Engineering, 28(1): 79-89.

Liu B Y, Nearing M A, Shi P J, et al. 2000. Slope length effects on soil loss for steep slopes. Soil Science Society of America Journal, 64(5): 1759-1763.

Liu H L, Ng C W W, Fei K. 2007. Performance of a geogrid-reinforced and pile-supported highway embankment over soft clay: case study. Journal of Geotechnical and Geoenvironmental Engineering, 133(12): 1483-1493.

Liu L, Chen L Q, Tang J X. 2010. Present situation and future prospects of geologic environment issues in mines in China. Disaster Advances, 3(4): 563-566.

Liu X P, Zhang W, Liu Z, et al. 2011. Changes in species diversity and above-ground biomass of shrubland over long-term natural restoration process in the Taihang Mountain in North China. Plant, Soil and Environment, 57: 505-512.

Liu X Z, Zhang F, Shao H B, et al. 2013. Community succession analysis and environmental biological processes of naturally colonized vegetation on abandoned hilly lands and implications for vegetation restoration strategy in Shanxi, China. African Journal of Biotechnology, 10(7): 1133-1145

Long C Y, Zhang C, Zhang J Q, et al. 2012. Assessment on vegetation restoration by soil spray seeding technique on road verge slopes of expressway with triangular fuzzy information. Journal of Convergence Information Technology, 7(14): 324-330.

Lowery B, Swan J, Schumacher T, et al. 1995. Physical properties of selected soils by erosion class. Journal of Soil and Water Conservation, 50(3): 306-311.

Martínez-Ruiz C, Marrs R H. 2007. Some factors affecting successional change on uranium mine wastes: insights for ecological restoration. Applied Vegetation Science, 10(3): 333-342.

Mbonimpa M, Aubertin M, Aachib M, et al. 2003. Diffusion and consumption of oxygen in unsaturated cover materials. Canadian Geotechnical Journal, 40(5): 916-932.

McCrea A R, Trueman I C, Fullen M A, et al. 2001. Relationships between soil characteristics and species richness in two botanically heterogeneous created meadows in the urban English West Midlands. Biological Conservation, 97(2): 171-180.

Meyer L D, Harmon W C. 1989. How row-sideslope length and steepness affect sideslope erosion. Transactions of the ASAE, 32(2): 639-644.

Miao Z, Marrs R. 2000. Ecological restoration and land reclamation in open-cast mines in Shanxi Province, China. Journal of Environmental Management, 59(3): 205-215.

Moreno-de las H M, Nicolau J M, Espigares T. 2008. Vegetation succession in reclaimed coal-mining slopes in a Mediterranean-dry environment. Ecological Engineering, 34(2): 168-178.

Mueller-Dombois D. 2000. Rain forest establishment and succession in the Hawaiian Islands. Landscape and Urban Planning, 51(2): 147-157.

Mukundan R, Pradhanang S M, Schneiderman E M, et al. 2013. Suspended sediment source areas and future climate impact on soil erosion and sediment yield in a New York City water supply watershed, USA. Geomorphology, 183: 110-119.

Nadal-Romero E, Regüés D, Latron J. 2008. Relationships among rainfall, runoff, and suspended sediment in a small catchment with badlands. CATENA, 74(2): 127-136.

Nathan R. 2006. Long-distance dispersal of plants. Science, 313(5788): 786-788.

Nearing M A, Foster G R, Lane L J, et al. 1989. A process-based soil erosion model for USDA-Water Erosion Prediction Project technology. Transactions of the ASAE, 32(5): 1587-1593.

Núñez M, Antón A, Muñoz P, et al. 2013. Inclusion of soil erosion impacts in life cycle assessment on a global scale: application to energy crops in Spain. The International Journal of Life Cycle Assessment, 18(4): 755-767.

Onaindia M, Dominguez I, Albizu I, et al. 2004. Vegetation diversity and vertical structure as indicators of forest disturbance. Forest Ecology and Management, 195(3): 341-354.

Parraga-Aguado I, Gonzalez-Alcaraz M N, Alvarez-Rogel J, et al. 2013. The importance of edaphic niches and pioneer plant species succession for the phytomanagement of mine tailings. Environmental Pollution, 176: 134-143.

Pielou E C J. 1966. The measurement of diversity in different types of biological collections. Journal of Theoretical Biology, 13: 131-144.

Poesen J W, Torri D, Bunte K. 1994. Effects of rock fragments on soil erosion by water at different spatial scales: a review. CATENA, 23(1): 141-166.

Prach K, Lencová K, Řehounková K, et al. 2013. Spontaneous vegetation succession at different central European mining sites: a comparison across seres. Environmental Science and Pollution Research, 20(11): 7680-7685.

Ran Q H, Su D Y, Li P, et al. 2012. Experimental study of the impact of rainfall characteristics on runoff generation and soil erosion. Journal of Hydrology, 424: 99-111.

Ricotta C, Anand M. 2006. Spatial complexity of ecological communities: bridging the gap between probabilistic and non-probabilistic uncertainty measures. Ecological Modelling, 197(1-2): 59-66.

Rowland S M, Prescott C E, Grayston S J, et al. 2009. Recreating a functioning forest soil in reclaimed oil sands in northern Alberta: an approach for measuring success in ecological restoration. Journal of Environmental Quality, 38(4): 1580-1590.

Sapp M, Harrison M, Hany U, et al. 2015. Comparing the effect of digestate and chemical fertiliser on soil bacteria. Applied Soil Ecology, 86: 1-9.

Sidle R C, Ziegler A D, Negishi J N, et al. 2006. Erosion processes in steep terrain-truths, myths, and uncertainties related to forest management in Southeast Asia. Forest Ecology and Management, 224(1): 199-225.

Silva L C R, Corrêa R S, Doane T A, et al. 2013. Unprecedented carbon accumulation in mined soils: the synergistic effect of resource input and plant species invasion. Ecological Applications, 23(6): 1345-1356.

Song Q, Ernest K Y. 2010. Effect of channelling on water balance, oxygen diffusion and oxidation rate in mine waste rock with an inclined multilayer soil cover. Journal of Contaminant Hydrology, 114(1): 43-63.

Sperry J S, Hacke U G. 2002. Desert shrub water relations with respect to soil characteristics and plant functional type. Functional Ecology, 16(3): 367-378.

Ştefănescu L, Robu B M, Ozunu A. 2013. Integrated approach of environmental impact and risk assessment of Rosia Montana Mining Area, Romania. Environmental Science and Pollution Research, 20(11): 7719-7727.

Swanson D A, Barbour S L, Wilson G W, et al. 2003. Soil atmosphere modelling of an engineered soil cover for acid generating mine waste in a humid, alpine climate. Canadian Geotechnical Journal, 40(2): 276-292.

Wallenius T H, Kuuluvainen T, Vanha-Majamaa I. 2004. Fire history in relation to site type and vegetation in Vienansalo wilderness in eastern Fennoscandia, Russia. Canadian Journal of Forest Research, 34(7): 1400-1409.

Wang K, Wang L, Wei Y M, et al. 2013. Beijing storm of July 21, 2012: observations and reflections. Natural Hazards, 67(2): 969-974.

Wang Y B, Liu D Y, Zhang L, et al. 2004. Patterns of vegetation succession in the process of ecological restoration on the deserted land of Shizishan copper tailings in Tongling City. Acta Botanica Sinica (English Edition), 46(7): 780-787.

Warton D I, Wright S T, Wang Y. 2012. Distance-based multivariate analyses confound location and dispersion effects. Methods in Ecology and Evolution, 3(1): 89-101.

Wiegleb G, Felinks B. 2001. Primary succession in post-mining landscapes of Lower Lusatia—chance or necessity. Ecological Engineering, 17(2): 199-217.

Woch M W, Radwanska M, Stefanowitz A M. 2013. Flora of spoil heaps after hard coal mining in Trzebinia (southern Poland): effect of substratum properties. Acta Botanica Croatica, 72(2): 237-256.

Woodward F I, McKee I F. 1991. Vegetation and climate. Environment International, 17(6): 535-546.

Woyshner M R, Yanful E K. 1995. Modelling and field measurements of water percolation through an experimental soil cover on mine tailings. Canadian Geotechnical Journal, 32(4): 601-609.

Xu X L, Liu W, Kong Y P, et al. 2009. Runoff and water erosion on road side-slopes: effects of rainfall characteristics and slope length. Transportation Research Part D: Transport and Environment, 14(7): 497-501.

Yan X L, Gu W, Jiang Y, et al. 2008. Study on systematizing design of ecological engineering technology in right of highway. Journal of Highway and Transportation Research and Development, 3(1): 120-126.

Yang D W, Kanae S, Oki T, et al. 2003. Global potential soil erosion with reference to land use and climate changes. Hydrological Processes, 17(14): 2913-2928.

Yang Y Y, Wu H N, Shen S L, et al. 2014. Environmental impacts caused by phosphate mining and ecological restoration: a case history in Kunming, China. Natural Hazards, 74(2): 755-770.

Yin J Z, Zhu K H, Shi X Y, et al. 2012. Vegetation restoration and soil properties on rocky slope in qingfeng quarry. Bulletin of Soil and Water Conservation, 32(1): 144-149, 155.

Zabaleta A, Martínez M, Uriarte J A, et al. 2007. Factors controlling suspended sediment yield during runoff events in small headwater catchments of the Basque Country. CATENA, 71(1): 179-190.

Zeng F P, Peng W X, Song T Q, et al. 2007. Changes in vegetation after 22 years' natural restoration in the Karst disturbed area in northwestern Guangxi, China. Acta Ecologica Sinica, 27(12): 5110-5119.

Zhang D L, Lin Y, Zhao P, et al. 2013a. The Beijing extreme rainfall of 21 July 2012: right results but for wrong reasons. Geophysical Research Letters, 40(7): 1426-1431.

Zhang H, Song J, Su C, et al. 2013b. Human attitudes in environmental management: Fuzzy Cognitive Maps and policy option simulations analysis for a coal-mine ecosystem in China. Journal of Environmental Management, 115: 227-234.

Zhang J T. 1997. Review in communities. Rural Eco-Environment, 13(4): 48-53.

Zhang J Y, Zhao H L, Zhang T H, et al. 2005. Community succession along a chronosequence of vegetation restoration on sand dunes in Horqin Sandy Land. Journal of Arid Environments, 62(4): 555-566.

Zhang W, Wang K L, Chen H S, et al. 2012. Ancillary information improves kriging on soil organic carbon data for a typical karst peak cluster depression landscape. Journal of the Science of Food and Agriculture, 92(5): 1094-1102.

Zhang Y, Yang J Y, Wu H L, et al. 2014. Dynamic changes in soil and vegetation during varying ecological-recovery conditions of abandoned mines in Beijing. Ecological Engineering, 73: 676-683.

Zhao G, Mu X, Wen Z, et al. 2013. Soil erosion, conservation, and eco-environment changes in the Loess Plateau of China. Land Degradation & Development, 24(5): 499-510.

Zhao Z C, Xu W N, Xia D. 2012. Soil nutrient and soil enzyme activity of the slopes with different ecological protection technologies. Advanced Materials Research, 356: 2445-2450.

Zhou J Y, Yang J L, Zheng D, et al. 2012. Simple tests for the design parameters and sinkage algorithm for eco-bags slope. Procedia Engineering, 28: 844-849.

Ziadat F M, Taimeh A Y. 2013. Effect of rainfall intensity, slope, land use and antecedent soil moisture on soil erosion in an arid environment. Land Degradation & Development, 24(6): 582-590.

Zokaib S, Naser G H. 2012. A study on rainfall, runoff, and soil loss relations at different landuses: a case in Hilkot watershed in Pakistan. International Journal of Sediment Research, 27(3): 388-393.

附录　调查区主要植物名录

科名	属名	种名
柏科	侧柏属	侧柏 *Platycladus orientalis*
	刺柏属	叉子圆柏 *Juniperus sabina*
唇形科	黄芩属	黄芩 *Scutellaria baicalensis*
	益母草属	益母草 *Leonurus artemisia*
大戟科	雀舌木属	雀儿舌头 *Leptopus chinensis*
豆科	苜蓿属	野苜蓿 *Medicago falcata*
		紫苜蓿 *Medicago sativa*
	刺槐属	刺槐 *Robinia pseudoacacia*
	胡枝子属	胡枝子 *Lespedeza bicolor*
		截叶铁扫帚 *Lespedeza cuneata*
	黄芪属	蒙古黄芪 *Astragalus mongholicus*
		斜茎黄芪 *Astragalus laxmannii*
	鸡眼草属	鸡眼草 *Kummerowia striata*
	锦鸡儿属	柠条锦鸡儿 *Caragana korshinskii*
	紫穗槐属	紫穗槐 *Amorpha fruticosa*
锦葵科	扁担杆属	扁担杆 *Grewia biloba*
禾本科	稗属	稗 *Echinochloa crus-galli*
	臭草属	臭草 *Melica scabrosa*
	大油芒属	大油芒 *Spodiopogon sibiricus*
	鹅观草属	鹅观草 *Roegneria kamoji*
	狗尾草属	狗尾草 *Setaria viridis*
	黑麦草属	黑麦草 *Lolium perenne*
	虎尾草属	虎尾草 *Chloris virgata*
	狼尾草属	白草 *Pennisetum centrasiaticum*
	马唐属	马唐 *Digitaria sanguinalis*
	求米草属	求米草 *Oplismenus undulatifolius*
	穇属	牛筋草 *Eleusine indica*
	羊茅属	高羊茅 *Festuca arundinacea*
	野牛草属	野牛草 *Buchloe dactyloides*
	隐子草属	丛生隐子草 *Cleistogenes caespitosa*
	早熟禾属	早熟禾 *Poa annua*
胡桃科	胡桃属	胡桃 *Juglans regia*

续表

科名	属名	种名
堇菜科	堇菜属	堇菜 *Viola verecunda*
		紫花地丁 *Viola philippica*
景天科	费菜属	费菜 *Phedimus aizoon*
菊科	飞蓬属	小蓬草 *Erigeron canadensis*
	苍耳属	苍耳 *Xanthium sibiricum*
	风毛菊属	风毛菊 *Saussurea japonica*
	鬼针草属	鬼针草 *Bidens pilosa*
		小花鬼针草 *Bidens parviflora*
	蒿属	艾 *Artemisia argyi*
		黄花蒿 *Artemisia annua*
		蒙古蒿 *Artemisia mongolica*
		南牡蒿 *Artemisia eriopoda*
		牛尾蒿 *Artemisia dubia*
		白莲蒿 *Artemisia stechmanniana*
		猪毛蒿 *Artemisia scoparia*
		茵陈蒿 *Artemisia capillaris*
	蓟属	刺儿菜 *Cirsium setosum*
	菊属	小红菊 *Dendranthema chanetii*
	苦苣菜属	苣荬菜 *Sonchus wightianus*
	假还阳参属	抱茎苦荬菜 *Crepidiastrum sonchifolium*
	苦荬菜属	苦荬菜 *Ixeris polycephala*
	蒲公英属	蒲公英 *Taraxacum mongolicum*
	秋英属	秋英 *Cosmos bipinnatus*
	山莴苣属	山莴苣 *Lagedium sibiricum*
	向日葵属	向日葵 *Helianthus annuus*
	鸦葱属	桃叶鸦葱 *Scorzonera sinensis*
壳斗科	栎属	栓皮栎 *Quercus variabilis*
苦木科	臭椿属	臭椿 *Ailanthus altissima*
藜科	地肤属	地肤 *Kochia scoparia*
	藜属	藜 *Chenopodium album*
		灰绿藜 *Chenopodium glaucum*
	猪毛菜属	猪毛菜 *Salsola collina*
萝藦科	杠柳属	杠柳 *Periploca sepium*
	萝藦属	萝藦 *Metaplexis japonica*

续表

科名	属名	种名
麻黄科	麻黄属	木贼麻黄 *Ephedra equisetina*
马鞭草科	牡荆属	荆条 *Vitex negundo* var. *heterophylla*
马齿苋科	马齿苋属	马齿苋 *Portulaca oleracea*
葡萄科	地锦属	五叶地锦 *Parthenocissus quinquefolia*
漆树科	黄栌属	黄栌 *Cotinus coggygria*
	盐肤木属	火炬树 *Rhus typhina*
茜草科	茜草属	茜草 *Rubia cordifolia*
蔷薇科	委陵菜属	委陵菜 *Potentilla chinensis*
	杏属	山杏 *Armeniaca sibirica*
茄科	茄属	龙葵 *Solanum nigrum*
瑞香科	瑞香属	滇瑞香 *Daphne feddei*
伞形科	柴胡属	北柴胡 *Bupleurum chinense*
桑科	大麻属	大麻 *Cannabis sativa*
	构属	构树 *Broussonetia papyrifera*
	葎草属	葎草 *Humulus scandens*
	桑属	桑 *Morus alba*
莎草科	薹草属	大披针薹草 *Carex lanceolata*
		白颖薹草 *Carex duriuscula* subsp. *rigescens*
十字花科	诸葛菜属	诸葛菜 *Orychophragmus violaceus*
柿科	柿属	柿 *Diospyros kaki*
鼠李科	鼠李属	鼠李 *Rhamnus davurica*
	枣属	酸枣 *Ziziphus jujuba* var. *spinosa*
松科	松属	油松 *Pinus tabuliformis*
无患子科	栾属	栾树 *Koelreuteria paniculata*
苋科	苋属	反枝苋 *Amaranthus retroflexus*
旋花科	虎掌藤属	牵牛 *Ipomoea nil*
		圆叶牵牛 *Ipomoea purpurea*
	旋花属	田旋花 *Convolvulus arvensis*
杨柳科	杨属	毛白杨 *Populus tomentosa*
		山杨 *Populus davidiana*
榆科	榆属	榆树 *Ulmus pumila*
鸢尾科	鸢尾属	马蔺 *Iris lactea*